Hermann Schnell

Über den Abfassungsort der Miracles de Nostre Dame Par Personnages

Hermann Schnell

Über den Abfassungsort der Miracles de Nostre Dame Par Personnages

ISBN/EAN: 9783743354135

Hergestellt in Europa, USA, Kanada, Australien, Japan

Cover: Foto ©Thomas Meinert / pixelio.de

Manufactured and distributed by brebook publishing software (www.brebook.com)

Hermann Schnell

Über den Abfassungsort der Miracles de Nostre Dame Par Personnages

AUSGABEN UND ABHANDLUNGEN
AUS DEM GEBIETE DER
ROMANISCHEN PHILOLOGIE.
VERÖFFENTLICHT VON E. STENGEL.
LIII.

ÜBER DEN ABFASSUNGSORT

DER

MIRACLES DE NOSTRE DAME PAR PERSONNAGES.

VON

HERMANN SCHNELL.

MARBURG.
N. G. ELWERT'SCHE VERLAGSBUCHHANDLUNG.
1886.

Ueber den Entstehungsort der in dem Manuskript Cangé überlieferten Mirakel hat, soviel mir bekannt, zuerst Onésime Le Roy eine bestimmte Vermutung ausgesprochen und sich für das puy de l'immaculée Conception in Rouen entschieden. Die Unhaltbarkeit dieser Ansicht ist bereits von Magnin[1]) unter Hinweis auf die Sprache der Mirakel nachgewiesen worden. Magnin glaubt seinerseits in dem puy von Senlis dasjenige gefunden zu haben, bei welchem unsere Stücke zuerst zur Aufführung gebracht sind. Er weist darauf hin, dass in dem Mirakel von der Fille du roy de Hongrie (XXIX) das Turnier, welches in der Quelle des betreffenden Stückes in Resson bei Montdidier abgehalten wird, ohne sichtbaren Grund nach Senlis verlegt ist, was wohl nicht geschehen sein würde, wenn nicht der Verfasser selbst ein Einwohner dieser Stadt gewesen wäre. M. selbst giebt zu, dass dies nur ein schwaches Indizium sei, welches erst noch durch andere Beweise bestätigt werden müsse; diese neuen Beweise sind indes seitdem nicht beigebracht worden, und so steht denn die Frage heute noch gerade so unentschieden da, wie im Jahre 1847, als M. seine Abhandlung schrieb. Ebert hat daher bei der Besprechung unserer Mirakelsammlung[2]) diesen Punkt ganz mit Stillschweigen übergangen, und Julleville[3]) beschränkt sich auf die einfache Wiedergabe der Ansichten Le Roy's und Magnin's, ohne selber ein Urteil in der Sache abzugeben, ja ohne selbst bei dem Mangel jeglicher fester Anhaltspunkte die Möglichkeit einer sicheren Entscheidung zuzugestehen. Neuerdings hat

---

1) Journal des Savants, Januarheft 1847.
2) Entwicklungs-Geschichte der französischen Tragödie. Gotha 1856. Seite 22.
3) Les Mystères. Paris 1880. I, 125.

dann Voigt in seiner Dissertation¹) dieser Frage seine Aufmerksamkeit zugewandt und auf die ebenfalls in XXIX erwähnte Eglise Saint Andry hingewiesen, durch deren Bestimmung vielleicht ein neuer Grad von Wahrscheinlichkeit für Magnin's Ansicht gewonnen werde, auf nähere Details geht allerdings auch er nicht ein. Ich selbst habe schliesslich 1884²) wegen der öfteren Erwähnung der Seine und der genauen Bekanntschaft, welche einige Dichter mit Paris verraten, mich berechtigt geglaubt, wenigstens für einen Teil der Mirakel jene Stadt als den Aufführungsort ansehen zu dürfen. Die folgende Untersuchung hat nun den Zweck, für das, was ich damals nur vermutungsweise und nebenbei geäussert habe, die Beweise beizubringen und so einen Beitrag zur endlichen Lösung dieser Frage zu liefern.

Leider war es mir nicht möglich, die von Le Roy für Rouen ins Treffen geführten Gründe zu berücksichtigen, da mir dessen Arbeiten nicht zugänglich waren. Die geringe Stichhaltigkeit des von Magnin angegebenen Grundes wird bei der Besprechung des 29. Mirakels beleuchtet werden. Der Umstand, welchem es wohl wesentlich zuzuschreiben ist, dass bisher noch niemand auf Paris verfallen ist, ist ohne Zweifel der, dass dieser Name ausser in XIX. in keinem Mirakel erwähnt wird. Indes scheint mir hierin gerade ein Beweis für Paris und gegen Senlis zu liegen. Denn hätten die Dichter in einer der Hauptstadt so nahe gelegenen Stadt wie Senlis gelebt, so hätte eine öftere Erwähnung von Paris namentlich in Wendungen wie „de cy jusques an Pas" und ähnlichen kaum vermieden werden können. Besonders bemerkenswert ist in dieser Beziehung eine Stelle in XXII, wo der eine Sergent von seinem Schwerte sagt, dass ein besseres „von hier bis Larchant" nicht gefunden werde. Larchant liegt so nahe bei Paris und ist dazu ein so unbedeutender Ort, dass es kaum zu begreifen wäre, warum ein in Senlis wohnender Dichter nicht einfach diese Stadt als die seinem Publikum bekanntere an seine Stelle setzte.

Dazu spricht die grosse Zahl der überlieferten Stücke allein schon für das puy einer grossen Stadt, und dass in Paris bereits im 13. Jahrh. von den clers nicht selten dra-

---

1) Die Mirakel der pariser Hs. 819, welche epische Stoffe behandeln, auf ihre Quellen untersucht. Grimma 1883. Seite 2.
2) Untersuchungen über die Verfasser der Miracles de Nostre Dame par personnages (Ausg. und Abh. Heft XXXIII p. 78).

matische Aufführungen veranstaltet wurden, bezeugt eine von Maistre Elie überarbeitete Uebersetzung der Ars amatoria des Ovid (Ausg. u. Abh. XLVII Z. 167—8 „si com il suelent, aucuns gens representer vuelent").

Dass aber alle Stücke für eine einzige Bühne abgefasst sind, geht einesteils aus der im Wesentlichen einheitlichen Technik, anderenteils aus der häufig fast wörtlichen Uebereinstimmung namentlich der Rondels, daneben aber auch zahlreicher anderer Stellen, ja ganzer Scenen hervor. Das 15. Mirakel z. B., welches eine ganze Anzahl von Oertlichkeiten erwähnt, die weit von Paris entfernt liegen, keine einzige, die der Gegend von Paris angehört, legitimiert sich schon allein dadurch als nach Paris gehörig, dass es inbezug auf das eine seiner Rondels mit zwei Stücken übereinstimmt, welche höchst wahrscheinlich aus dieser Stadt stammen.[1]

Freilich brauchen deswegen nicht etwa alle Stücke von einem einzigen Verfasser herzurühren. Ich habe vielmehr in meiner früheren Arbeit nachgewiesen, dass eine ziemliche Anzahl Dichter an unserer Sammlung thätig gewesen sein müssen. Mancher dieser Dichter mochte aus weiter Ferne

---

1) Vgl. Schnell, l. c. p. 64. Daselbst finden sich Seite 40 und 67 zwei Beispiele aus I und XVI resp. I und XXXVI angeführt, wo der Verfasser eines Stückes ganze Scenen aus einem anderen entlehnt hat. Ganz ähnlich verhält es sich mit XV und XXXVII, wo die Verse 1—135 resp. 1—125 fast wörtlich gleichlauten. — Zu den Seite 50 und 51 verglichenen Stellen geringeren Umfangs füge ich noch die folgenden hinzu:
XXXVIII 1288   Et je m'en vois en autre lieu
Visiter povres menagiers   Car trop petite gangne font
Qui leur vivre ont a grans dangiers   Et du demander honteux sont;
vgl. dazu XXXIV 497, XXXVI 909 und auch XL 551. — Dacien sagt von sich selbst, als er aus dem Feldzuge gegen die Franken zurückkehrt:
XXXVIII 410   Chier sire, je vous fas savoir
Je sui du corps sain et alègre, Combien que vous me veez maigre.
Genau ebenso äussert sich der Bote Lievin über seinen von einer Pilgerfahrt nach dem heiligen Lande heimkehrenden Herrn:
XXXIV 1244   Tenez; je vous fas assavoir
Que du corps est sain et allègre,   Mais du visaige est un po mègre
Vgl. ferner XXIX 1729 (an Fortune):
Qui m'as mis ou hault de ta roe   Et m'as puis jetté en la boe.
mit XXXI 917:
Fortune du hault de sa roe   M'a bien jetté en my la boe.
und mit XXXV 543:   Ha! Fortune, conme tu m'as
A ce cop du hault de ta roe   Jetté jus et mis en la boe!
Die Zahl dieser Beispiele würde sich leicht noch erheblich vermehren lassen.

stammen; wo aber wiederum eher als in Paris dürfen wir
eine solche Vereinigung von clers aus verschiedenen Gegen=
den Frankreichs behufs dramatischer Aufführungen annehmen?
Die am Orte der Aufführung nicht heimischen Dichter werden
natürlich aus alter Anhänglichkeit zu ihren Dramatisierungen
mit Vorliebe heimatliche Stoffe gewählt oder den Schauplatz
der Handlung in die ihnen von früher her vertrauten Gegen=
den verlegt haben. Das schloss jedoch nicht aus, dass ihnen
nicht doch hie und da eine Anspielung auf ihren derzeitigen
Wohnort mit unterlief, und wo dies nicht geschah, da wird
manchmal noch bei späteren Aufführungen durch teilweise
Ueberarbeitung die eine oder die andere Anspielung auf den
Aufführungsort hineingeraten sein. Auch solche Angaben
sind dann für den Abfassungsort entscheidend. Es wird nun
meine Aufgabe sein im Einzelnen nachzuweisen, dass die
Dichter die Handlung in einer Reihe von Stücken entweder
ganz nach Paris verlegt haben oder wenigstens durch gelegent=
liche Anspielungen detailliertere Localkenntnis von Paris ver=
raten. Natürlich können nur solche Ortsangaben für uns in
Betracht kommen, welche wir durch eine Vergleichung mit
der jeweiligen Quelle oder, sofern dies nicht möglich, durch
andere triftige Gründe als wirklich von dem Dichter her=
rührend erweisen können.

Ich behandle nur da, wo direkte Berührungspunkte vor=
handen sind, mehrere Stücke im Zusammenhange; im Uebrigen
habe ich die zu besprechenden Mirakel so gruppiert, dass
ich mit denen beginne, welche Anspielungen auf Paris ent=
halten, dann die folgen lasse, welche Anspielungen auf andere
Gegenden Frankreichs enthalten, und mit denen schliesse,
deren Ortsangaben ich nicht zu recognoscieren vermochte.
Die nicht geringe Zahl von Stücken, welche ganz frei von
localer Färbung sind, musste natürlich aus dem Spiele ge=
lassen werden.

XXXVI, XXVIII, XVII, XXXV.[1]) Für das 36. Mirakel hat
sich eine bestimmte Quelle bis jetzt noch nicht nachweisen
lassen, aber die ihm zu Grunde liegende Legende von Petrus
dem Zöllner tritt in der Litteratur schon sehr früh auf, so

---

1) Im Folgenden bedeutet stets die römische Zahl die Nummer
des Mirakels, die arabische die Verszahl nach der von G. Paris und
U. Robert für die Société des anciens textes français besorgten Ausgabe.

dass an eine pariser Localsage hier nicht gedacht werden kann. Wahrscheinlich also werden wir alle auf Paris und seine Umgebung sich beziehenden Notizen, sicherlich aber die mit der eigentlichen Handlung nicht in direktem Zusammenhang stehenden auf Rechnung des Mirakeldichters setzen dürfen.

Von Wert ist für uns vor allem die Unterhaltung der Armen, die sich gegenseitig ihre vorzüglichsten Wohlthäter aufzählen. Die beiden ersten begnügen sich mit der einfachen Nennung der Namen; eine ältliche Dame, die Wittwe Huguette, deren Nachbarin mit dem Beinamen la Bossue, Hernault de Bisquariel, Jourdain le Grant und Pierre le Maistre werden besonders wegen ihrer Mildthätigkeit gerühmt. Von ihnen allen interessiert uns nur der Name Hernault de Bisquariel, da dieser auch in XXVIII eine Rolle spielt. Dort wird unter den hervorragendsten Bürgern der Stadt Burgos, welche im Parlamente Sitz und Stimme haben, neben Gille le Marquis, Martin Drouart, Pierre le Monart und Guymar dit le Viautre (154 ff.) auch ein Ernaut de Bisquarrel genannt, welcher offenbar mit dem in XXXVI erwähnten identisch ist. Es kann kaum zweifelhaft sein, dass dieser Ernaut eine wirkliche, dem Heimatsorte der Dichter dieser beiden Stücke angehörende Person war, und gelingt es uns daher nachzuweisen, wo das eine entstanden ist, so ist damit auch der Abfassungsort des anderen festgestellt. Auffallender Weise führt in einem dritten Mirakel, in XVII, eine Stadt den Namen Bisquarrel. Dort macht der Premier Curé, nachdem er den verbrecherischen Godart aus seiner Gemeinde ausgestossen hat, eine Wallfahrt nach Santiago de Compostella und stirbt auf dem Heimwege

636 A Bisquarrel, ce n'est pas guille, Qui est de Navarre une ville.

Nun kennt die Erzählung bei Gautier de Coincy[1]), welcher im Uebrigen der Dichter von XVII sich auf's Engste anschliesst, diese ganze Geschichte von der Wallfahrt des Priesters und seinem Tode nicht, der Name Bisquarrel ist daher ebenfalls als eine Zuthat des dramatischen Bearbeiters anzusehen. Da nun ferner ein Ort Bisquarrel gar nicht existiert, so darf man wohl annehmen, dass dieser Name von dem Dichter nur wegen seiner Aehnlichkeit mit dem der spanischen Landschaft Viscaya gewählt wurde. In Wirklich-

---

1) Les Miracles de la Sainte-Vierge ed. Poquet

keit scheint derselbe der Gegend von Paris anzugehören und in allerdings etwas veränderter Gestalt in einem Strassennamen (Becquerel) sich erhalten zu haben.

Eingehender als seine beiden Genossen erzählt uns der Troisiesme Povre von seinen Gönnern (XXXVI 90 ff.). Er erhält einen tournois täglich an der „pointe saint Eutasse", geht von da „par les halles" zum „Grant Godet", dann weiter zu Simon Triquefadet, welcher „au port Nostre Dame" wohnt, und wendet sich schliesslich zurück zur „dame du Chastel, la femme Raulin." Auf die Vermutung, dass alle diese Personen und Oertlichkeiten in Paris zu suchen sind, bringt uns die Erwähnung des „port Nostre Dame". Ein Hafen liegt gewöhnlich, wenn nicht am Meere, an einem grösseren Flusse, und dass mit diesem Flusse die Seine gemeint ist, zeigt das v. 158 angeführte Sprichwort
 Perdre aussi bien va son langage Conme s'il aloit batre Saine.

Versuchen wir nun einmal, dem Troisiesme Povre auf seiner Wanderung durch Paris zu folgen. Er beginnt bei der „pointe saint Eutasse", einem durch die Lage der Kirche Saint-Eustache bestimmten Orte, der noch heute diesen Namen führt, und geht von da „par les halles" d. h. bei den heutigen Halles Centrales südlich von St. Eustache vorbei zum „Grant Godet".

 D'ilec je m'en vois sanz sejour Par les halles au Grant Godet,
           Puis a Simon Triquefadet,

sagt der Povre v. 96 ff. Der Gebrauch des bestimmten Artikels bei Grant Godet erscheint durch das vorgesetzte Adjektiv erklärt. Ist aber Godet der Name eines Mannes, so dürfte in der Ausgabe „Grant" nicht mit grossem Anfangsbuchstaben gedruckt werden. In der That ist dies nun nicht der Fall, sondern es ist an der citierten Stelle von dem Abzeichen eines Hauses in der an die Halles Centrales anstossenden rue de la Cossonnerie, von einem grossen Becher, die Rede, welches ich in einem von Jubinal veröffentlichten Esbatement erwähnt finde.[1]) Die Worte grant und godet sind daher wie halles klein zu schreiben.

Von der rue de la Cossonnerie begiebt sich der Povre dann weiter zum „port Nostre Dame." Ein Hafen dieses Namens existiert heute nicht mehr, doch haben wir ihn ohne Zweifel in der Gegend des pont Nostre Dame zu suchen, auf welche die rue des Halles direkt zuführt. Geht er von

---

1) Mystères inédits I 372.

da nach seinem Ausgangspunkte zurück, so muss er die place du Châtelet passieren, welche von einer alten Burg der Stadtvögte von Paris den Namen hat, deren Herr oder Vogt wohl der oben erwähnte Raoul war.

Der Beweis, dass das 36. Mirakel und somit auch das 17. und 28. für ein pariser puy gedichtet wurden, scheint hierdurch erbracht. Einige weitere Erwägungen werden uns sogar in den Stand setzen, den ungefähren Standort der Bühne mit einer gewissen Wahrscheinlichkeit zu bestimmen. Es ist Sitte, sich einen mittelalterlichen Mirakeldichter als einen völligen Ignoranten auf dem Gebiete der Geographie vorzustellen. In der That dürfen allzu grosse Anforderungen an seine Kenntnisse nicht gestellt werden, aber so schlimm, wie es den Anschein hat, ist es nicht damit bestellt. Man muss nur nicht glauben, dass er sich alles in der Wirklichkeit so vorgestellt habe, wie er es in seinen Stücken darstellte. Wenn er einmal im Handumdrehen den Schauplatz der Handlung von Ungarn nach Schottland, von Schottland nach Italien verlegt, so hat er keineswegs die Absicht, die Zuschauer zu veranlassen, auch ihrerseits im Geiste sich in jene Länder zu versetzen. Er hat die verschiedenen Namen zwar, weil sie einmal in der Quelle gegeben waren, beibehalten, es liegt ihm jedoch fern, ihnen irgend welche Bedeutung beizumessen, für ihn, wie den Zuschauer, spielt jede Scene, jedes Stück an demselben Orte, der Bühne. Mochten zwei Orte in Wirklichkeit noch so weit von einander liegen, auf der Bühne lagen sie neben einander, und das war schliesslich das allein Massgebende. Als in XXI der Bote den Barlaam aus seiner Einsiedelei in der Wüste Sennar zum König Avennir geleitet und ihn unterwegs fragt, warum er eigentlich vom heidnischen Glauben abgefallen sei (v. 225 ff.), antwortet ihm dieser, das sei deshalb geschehen, weil der christliche Glaube der allein wahre sei, und er würde ihm dies ganz klar beweisen, wenn sie nicht schon an dem Palaste des Königs angekommen wären. Es würde thöricht sein hier anzunehmen, der Bote habe seine Frage erst gestellt, als sie dem königlichen Schlosse bereits ganz nahe waren, vielmehr hat der Dichter hier einzig und allein die Bühnenverhältnisse im Auge gehabt. Auf der Bühne waren es von dem Platze für Sennar bis zu dem, welcher die Stadt des Avennir darstellte, nur wenige Schritte, und da konnte Barlaam allerdings unterwegs keine langen Auseinandersetzungen geben. —

Aehnlich verhält es sich mit der geradezu erstaunlichen Sicherheit, mit welcher Pilger oder Boten in fremden Ländern ihnen selbst ganz unbekannte Personen auffinden, häufig sogar schon von weitem sehen, obwohl dieselben sich offenbar im Innern ihrer Wohnungen befinden, und meist auch gleich als die von ihnen gesuchten erkennen. Die Dichter haben sich auch hierin nicht von der Wirklichkeit, sondern von den Bühnenverhältnissen leiten lassen. — Man könnte noch eine Menge anderer Beweise für diese Thatsache beibringen, wie der sehr übliche Gebrauch des Demonstrativpronomens vor Ortsbezeichnungen, um die geringe Entfernung derselben auf der Bühne auszudrücken, und anderes; es würde jedoch den Rahmen dieser Arbeit überschreiten, wollten wir uns noch eingehender mit dieser Frage beschäftigen. Immerhin wird aus dem Gesagten erhellen, dass, da die Mirakeldichter sich überall bei Abfassung ihrer Werke durch die Einrichtung ihres Theaters haben bestimmen lassen, die Vermutung nahe liegt, der Verfasser von XXXVI habe als den Ort, wo die drei Armen sich unterhalten, sich ebenfalls die Bühne gedacht. Da nun ausserdem die Armen jedenfalls in der Gegend zusammentreffen, wo sie zu betteln pflegen, da ferner der Troisiesme Povre beim port Nostre Dame umkehrt und in der Richtung nach den Markthallen zu zurückgeht, so dürfen wir mit einiger Sicherheit annehmen, dass das Theater sich zwischen der pointe Saint-Eustache und dem heutigen pont Notre-Dame befand.

Nehmen wir hierzu eine Angabe, welche das 35. Mirakel uns liefert, indem es v. 229 einen Wirt Robert de Ruffes, der nicht weit von dem „four Saint Martin" wohnt, und weiterhin einen andern Wirt, Pierre Filion, erwähnt, der sein Lokal nahe bei der „pointe saint Uitasse" hat (238, 243), so werden wir im Stande sein, mit nicht geringer Wahrscheinlichkeit den Raum, wo die Bühne gestanden hat, noch enger zu begrenzen. Leider ist es mir nicht gelungen, eine sichere Auskunft über den erstgenannten Platz zu erhalten, doch geht man wohl nicht fehl, wenn man ihn an der rue Saint-Martin sucht, welche wenig östlich von den Markthallen liegt und mit diesen u. a. durch die oben genannte rue de la Cossonnerie und ihre Fortsetzung verbunden ist. Da nun auch in diesem Falle wieder, als der Ort, wo die Armen sich unterhalten, im Sinne des Verfassers die Bühne anzusehen ist, da ferner dieser Ort nicht weit von den beiden genannten Wirtshäusern entfernt sein kann, weil sonst die Armen sie nicht besuchen würden, da endlich auch hier wieder die „pointe saint Eustache" genannt wird, so sind wir zu dem Schlusse berechtigt, dass die Aufführung — wenigstens des 35. und 36. Mirakels — in unmittelbarer Nähe dieses Platzes stattgefunden hat, ob auf diesem selbst, ist mir gerade wegen der Nennung seines Namens mehr als zweifelhaft.

Die übrigen Notizen, welche aus XXXVI für die Feststellung des Abfassungsortes benutzt werden können, dienen nur dazu, die Zahl der Beweise für Paris zu vermehren. Die v. 594 von dem Deuxiesme Dyable erwähnte „rue du Plâtre" liegt wenig östlich von den Markthallen und ist eine kleine Nebenstrasse der „rue du Temple". V. 201 flucht Pierre beim heiligen Kreuz von Valenton; „Valenton" aber ist ein kleiner, südöstlich von Paris gelegener Ort.

Die grenzenlose Armut, welche Galot bei der Verteilung des ihm von seinem Herrn übergebenen Geldes in vielen Häusern findet, kann vielleicht ebenfalls auf Paris hindeuten (1094). — Ein „sire Lippage", der Briefe weiter befördert (244), ist heute nicht mehr nachzuweisen. Trotzdem kann seine Erwähnung Bedeutung gewinnen, wenn erst einmal die Quelle von XL mit Sicherheit festgestellt ist. Denn dort wird v. 205 und öfter dem Schwiegervater des heil. Alexis derselbe Name gegeben und ihm wegen seiner Tüchtigkeit hohes Lob gespendet. Da in den von G. Paris veröffentlichten Versionen der Vie de Saint Alexis der Name „Lipage" sich nicht findet, so hindert uns nichts, das 40. Mirakel wegen dieser Uebereinstimmung mit XXXVI ebenfalls einem pariser Dichter zuzuweisen.

Der v. 690 genannte Wein von „St. Pourçain" hat seinen Namen von einem kleinen Orte im Dep. Allier und geniesst noch heute in Frankreich eines gewissen Rufes.[1])

Derselbe Wein wird ausserdem noch V 1039, X 291 und XXXVIII 1521 genannt, während VIII 248 allein eine andere Weinsorte, griechischer Wein, erwähnt wird. Diese Thatsache ist, wenn nicht für die Ermittlung des Abfassungsortes, so doch für die Klassificierung nach den Verfassern von einiger Bedeutung. Während nämlich der Dichter von V die vier

---

1) Vgl. Bataille des vins in Ausg. u. Abh. XLIV S. 50 Z. 38, Jubinal l. c. I 367, wo noch einige andere Stellen, an denen dieser Wein genannt wird, angeführt sind.

gegen Christus disputierenden jüdischen Meister sich zum Schluss ganz ruhig bei einem Glase „St. Pourçain" über ihre Niederlage trösten lässt, hat der von VIII, wie es scheint, das Unsinnige einer solchen Angabe gefühlt und lässt daher die beiden Leibwächter des Papstes nicht französischen, sondern griechischen Wein trinken. Meine früher[1]) ausgesprochene Annahme, dass V und VIII verschiedenen Dichtern zuzuschreiben seien, erhält hierdurch eine weitere Bestätigung.

Eine ähnliche Stellung, wie der „St. Pourçain" unter den Weinen, nimmt „Boulogne" unter den Wallfahrtsorten ein; in nicht weniger als 7 Stücken (I 783, VI 547, IX 1354, X 830, XI 1144, XII 258 und XXX 1491) wird es als solcher erwähnt. Die übrigen in den Mirakeln erwähnten Wallfahrtsorte sind (abgesehen von Rom und Jerusalem): Rocamadour XI 743, Puy Notre Dame XV 500, Notre Dame de la Joie XV 1744, XXVI 778, Limoges XXVI 784, Pontoise XXVI 405, Santiago de Compostella XVI 667, XVII 358[2]), Sinai XVI 1295; ausserdem pilgert die mère in XVI noch zu den Kirchen des heil. Aegidius und des heil. Nicolaus, über deren Lage ich nichts Sicheres zu sagen vermag. Boulogne war ehemals und ist noch heute ein so beliebter Wallfahrtsort[3]), dass aus seiner häufigen Erwähnung für unsere Zwecke keinerlei Schlüsse gezogen werden können. Dagegen ist für die Frage nach den Verfassern nicht unwichtig, dass Mirakel wie XVI und XXVI, welche mehrere Wallfahrtsorte anführen, Boulogne ganz aus dem Spiele lassen.

Ueber das XXXVI 1982 erwähnte Landgut „Belle Fontaines" vermag ich eine befriedigende Auskunft nicht zu geben.

Auch der Name des „Moussé", des reichsten Juden der Stadt „Buissance" (XXXV 563 und öfter), scheint, da er nach Julleville II 319 Anm. auch in den Myst. de la sainte hostie auftritt, von einer wirklich existierenden Persönlichkeit genommen zu sein.[4]) Das XXXV 3 genannte im Interdikt befindliche „moustier saint Venant" kann ich in Paris nicht nachweisen; es ist daher wohl aus der Quelle herübergenommen.

---

1) l. c. p. 68 und 70.
2) Vgl. hierzu auch VII 128 „Par le saint baron de Galice."
3) Vgl. Jubinal l. c. I 392.
4) Darauf deutet auch die ganz französische Form des Namens hin. Der Name des Dieners („Sadoch, Sohn des Enoch" 1090—91) dagegen kennzeichnet sich durch seine hebräische Form als ein ganz willkürlich gewählter.

XIX. Reich an Hinweisungen auf Paris ist auch das 19. Mirakel und da uns glücklicherweise auch seine Vorlage, eine Erzählung des Gautier de Coincy¹), bekannt ist, so sind wir in den Stand gesetzt, durch eine Vergleichung desselben mit seiner Quelle festzustellen, was als selbständige Zuthat des Verfassers anzusehen ist und was nicht.

Die Geschichte Gautiers spielt in Pisa, woselbst der Held derselben Kanonikus von Saint-Cassien ist und aus seiner Stellung nicht unerhebliche Einkünfte bezieht. Dies ist die einzige Notiz, welche von dem Mirakeldichter unbeanstandet übernommen ist (cf. XIX 61 und 120), alle übrigen auf den Schauplatz der Handlung bezüglichen Daten sind von ihm entweder geändert oder neu hinzugefügt worden.

Die Scene v. 722 ff. zeigt uns zwei fahrende Leute, „Polet" und „Volant", mit einander im Gespräch. Sie beginnt damit, dass Polet den Volant willkommen heisst und ihn fragt, was ihn hierher führe Es erhellt aus diesem Anfange, dass P. entweder in dem Orte, wo sich diese Scene abspielt, seinen ständigen Aufenthalt hat oder zum Mindesten der zuerst Angekommene von den beiden ist. Im weiteren Verlaufe der Unterhaltung zeigt sich dann, dass die erstere Deutung zutrifft. P. fragt seinen Genossen, wie es ihm während der Zeit, dass sie sich nicht gesehen haben, ergangen sei. V. weiss nicht viel Gutes zu berichten Die Engländer haben ihn gänzlich ausgeplündert und ihm sogar das Mädchen, welches er sich aus Burgund mitgebracht hatte, geraubt.²) „So habe ich also nicht viel verloren, wenn ich in Paris geblieben bin" ³), versetzt darauf P., indem er hierdurch aufs Deutlichste zu erkennen giebt, dass er auch in dem Augenblicke, wo er diese Worte ausspricht, sich noch in Paris befindet. In der That zeigt der weitere Verlauf der Handlung, dass P. wenigstens derjenige von den beiden ist, welcher die Gelegenheiten kennt, wo es etwas für sie zu verdienen giebt.

An anderen Stellen legt der Verfasser von XIX auch einige Kenntnis der Umgebung von Paris anden Tag. Der Vater des

---

1) Bei Poquet p. 627.
2) Diese Bemerkung zeigt, dass das Stück zu einer Zeit abgefasst wurde, wo die Engländer noch einen grossen Teil Frankreichs besetzt hielten.
3) 742: Je n'ay pas donc perdu granment
Se de Paris ne m'ay meu.

Mädchens, welches der Kanonikus heiraten soll, eine Hauptperson des Stückes, ist ein „Ritter von Saus", der seinen Namen jedenfalls von „Saulx-les-Chartreux", einem südlich von Paris bei Corbeil gelegenen Dorfe, führt. — Das Kloster, welches die Mutter ihrer Tochter nach der Flucht ihres Gemahls als zukünftigen Aufenthaltsort vorschlägt, ist das von „Poissy" (Poycy), dessen Nonnen sie als „bonnes femes" kennt. Poissy aber ist ein kleiner, nordwestlich von Paris gelegener Ort, dessen Abtei sich im Mittelalter eines hohen Rufes erfreute.[1])

Welcher Oertlichkeit die „Frau von Vaussemain", die in oder bei Paris ihren Wohnsitz haben muss (188), ihren Namen verdankt, vermag ich mit den mir zu Gebote stehenden Hülfsmitteln nicht festzustellen. — Auch „aus les fossez" (223, 665) scheint der Name eines Ortes zu sein, der vielleicht mit einer der beiden Strassen „Fossés-Saint-Bernard" oder „Fossés-Saint-Jaques", welche beide dem Quartier der Université angehören, zu identifizieren ist.

Eine besondere Aufmerksamkeit verdient noch das Haus, in welchem die Hochzeit des Chanoine gefeiert wird. Als es sich nach stattgefundener Verlobung darum handelt, eine Vereinbarung zu treffen, wo die Hochzeit abgehalten werden soll, sagt der Pére: „Ich kenne mehrere gute Häuser, welche wir auf meine Bitte wohl haben könnten, das aber, worauf ich am meisten rechne, ist „chiez l'arcevesque de Sens Vers les Barrez" (638 39). Es ist zu beachten, dass er nicht sagt, „das ist dasjenige des Erzbischofs von Sens", sondern „das ist bei dem Erzbischof von Sens". In derselben Wortverbindung kommt der Name noch einmal (v. 917) vor, während das Haus v. 708 „l'ostel mon seigneur de Sens" und v. 679 einfach „l'ostel de Sens" genannt wird. Die Bezeichnung „chiez l'arcevesque etc." legt die Vermutung nahe, dass wir es nicht mit einem Palaste des Erzbischofs von Sens, wie Julleville glaubt[2]), sondern vielmehr mit einem Wirtshause, welches die Bezeichnung „Zum Erzbischof von Sens" führte, zu thun haben. Diese

---

1) In dem Mir. de Berte (XXXI) wird dieselbe Rolle, welche hier das Kloster zu Poissy spielt, dem Kloster auf dem „Montmartre" zugeteilt Wenngleich nun hier das Mirakel nur den Worten seiner Vorlage, des Romans von Adenès li Rois, folgt, so dürfte diese Verschiedenheit dennoch wenigstens für die Klassifizierung der Mirakel nach den Verfassern von einigem Werte sein, besonders da auch XVIII das Kloster Montmartre zum Schauplatz seiner Geschichte gemacht zu haben scheint.

2) l. c. II 273.

Vermutung findet in mehreren anderen Angaben ihre Bestätigung. Der Cousin rühmt 640 ff. an dem Hause, dass es Zimmer und Kapelle nach Wunsch, dazu eine Küche und einen Saal enthalte, welche weder alt noch schmutzig seien. Die Hervorhebung des letzteren Umstandes macht es höchst unwahrscheinlich, dass er an einen erzbischöflichen Palast denkt; das Vorhandensein einer Kapelle aber erklärt sich aus der Nachbarschaft des Karmeliterklosters (639). Dazu ist es an sich kaum denkbar, dass ein hoher Kirchenfürst einen seiner Paläste zu dem Hochzeitsfeste eines abtrünnigen Geistlichen hergegeben hätte, namentlich wo es mit solchem Pomp — unter dem Zulauf fahrender Leute u. s. w. — gefeiert wurde. Will man jedoch diese Möglichkeit auch zugeben, so kann man doch kaum glauben, dass dem jungen Ehepaar die Erlaubnis erteilt werden würde, auch die Brautnacht in diesem Hause zu verbringen.[1]) All diese Erwägungen machen es mir fast gewiss, dass hier nur an ein Gasthaus gedacht werden kann, und das Vorhandensein von mehreren so grossartigen Gasthäusern deutet seinerseits wieder auf eine grössere Stadt hin. Wenn aber unter dieser grösseren Stadt Paris zu verstehen ist, so muss sich ein Karmeliterkloster in der Zeit der Abfassung unseres Mirakels dort nachweisen lassen. In der That wird ein solches schon von Rustebuef[2]) erwähnt.[3])

---

1) 915 ff.:
Il nous fault savoir en quel lieu   Puis que voz noces y sont faites,
Est miex de jesir vostre assens,   Ou en vostre ostel.
Ou chies l'arcevesque de Sens,

Vgl. die folgende Stelle aus Huon von Bordeaux, welche ich bei Ferd. Wolf, Ueber zwei niederländische Volksbücher p. 256 erwähnt finde: Hues und seine Geliebte schlafen, als sie in einem Kloster übernachten, getrennt von einander,
Car Hues ot trop legier cuer d'asés;   S'en eust fait tote sa volenté.
S'aveuc geust, il ne laisast ester,   Ne vauront pas l'abie violer.

2) Rustebuef's Gedichte herausgegeben von Kressner 1885. p. 52, bei Jubinal, Oeuvres de Rutebeuf I 159. Aus einer Anm J.'s zu der betr. Stelle ersehe ich, dass hier nur das Kloster dieses Ordens an der place Maubert gemeint sein kann, welches erst vor kurzem aufgehoben ist.

3) Ich mache übrigens noch darauf aufmerksam, dass der Name der Mätresse des Polet „Santelinete" (745) eine auffallende Aehnlichkeit mit dem der Prinzessin hat, welche in XXI den Josaphat in ihre Netze zu ziehen sucht (1385: „Sanceline"). Die Aehnlichkeit der Buchstaben c und t in der alten Schrift macht es mir wahrscheinlich, dass wir hier denselben Namen vor uns haben, und da der Charakter der beiden Mäd-

XXXIII. Das Mirakel von Robert dem Teufel sehe ich als das Werk eines in Paris wohnenden Normannen an. Dies ergiebt sich einesteils aus der grossen Zahl normannischer Orte, welche der Dichter bei ganz nebensächlichen Gelegenheiten erwähnt und daher nicht wohl aus seiner Vorlage herübergenommen haben kann, anderteils aus der Nennung der pariser „place Maubert" in einer sehr volkstümlich klingenden Redewendung (v. 1057 Der Deuxiesme Sergent zu Robert: „Es tu de la place Maubert?")

Inbetreff der auf die Normandie bezüglichen Angaben beschränke ich mich auf eine kurze Zusammenstellung. Als Residenz der Herzogin wird v. 664 das Schloss „Arques" bei Dieppe genannt, eine Notiz, welche, da sie auch bereits in dem Romane vorkommt,[1]) unbedenklich als aus der Vorlage stammend angesehen werden kann und daher für uns ohne Interesse ist. V. 330 schlägt Rigolet vor, alle Klöster „de ci au Mont Saint Michel" auszuplündern, und v. 374 klagt der Deuxiesme Baron:

de cy au Mont Saint Michel N'a religion, a m'entente,
Et de Genays jusques a Mante Que de jour en jour ne desrobe.

V. 560 befiehlt der Herzog dem Huchon, die über Robert verhängte Acht im ganzen Lande bekannt zu machen und keinen Ort zu übergehen,

Quel qu'il soit jusqu'a Ville Dieu
De Sanchemel.

Die Mehrzahl dieser Namen weist auf die südliche Hälfte des heutigen Dep. Manche hin, in welcher sowohl „Mont Saint Michel", als auch ein „Genays" (Genest bei Avrenches?) und ein „Villedieu" liegen. Mit dem Namen „Mante" kann nur die Stadt Mantes an der Seine (Dep. Seine-et-Oise) oder das in der Nähe liegende Dorf gleichen Namens gemeint sein.

---

chen ziemlich der gleiche ist, so dürfen wir vielleicht annehmen, dass der Name ursprünglich einer bestimmten Person angehörte, welche durch ihren lockeren Lebenswandel dem Publikum bekannt war.

1) Allerdings ist mir die ziemlich seltene Ausgabe dieses Werkes von Trébutien augenblicklich nicht zur Hand; doch findet sich der Name auch in der Inhaltsangabe des Romans bei Ad. Keller, Altfranzösische Sagen in der 1. Auflage II 58 ff. — Die Meinung Voigts (l. c. p. 81 ff.), als sei der Roman die Quelle des Mirakels, erscheint mir in Hinsicht auf die geringe Uebereinstimmung beider inbezug auf die Details und den Wortlaut — namentlich im Gegensatz zu der engen Anlehnung anderer Mirakel an ihre Vorlage — sehr wenig wahrscheinlich.

Ueber den Namen „Sanchemel", sowie über den Waffenschmied „Jehan de Savoie" (1929) vermag ich keine Auskunft zu geben.

Zum Schluss sei noch bemerkt, dass die Angabe, wonach Huchon die Achterklärung auf dem Marktplatze ausruft, nicht auf pariser Verhältnisse passt und daher wohl der Quelle zu verdanken ist (v. 566).

XXXIX. Das Mirakel von Chlodwig behandelt ein Ereignis aus der Geschichte Frankreichs, das sich zuerst bei Gregor von Tours[1]) und auch da schon in mehr oder weniger sagenhafter Gestalt erzählt findet. Mit diesem Berichte hat nun allerdings der in dem Mirakel verarbeitete Stoff sehr wenig gemein; die Charaktere der Helden Chlodwig und Gundobad, sogar die geschichtlichen Thatsachen sind im Einzelnen so verändert, dass an eine direkte Benutzung Gregors durch den Mirakeldichter nicht gedacht werden kann. Wir werden vielmehr annehmen müssen, dass vom 6. bis zum 14. Jahrh. die Geschichte, allmählich sich verändernd und neue Züge in sich aufnehmend, im Munde der Priester immer mehr den Charakter einer Legende annahm. So ist z. B. die Geschichte von der Taube, welche das zur Taufe des Königs nötige Oel bringt, nachweislich eine spätere Erfindung, welche sich zuerst in dem Leben des heil. Remigius von Hinkmar von Rheims findet[2]). Von einer anderen Episode, dem Aufstand der Stadt und des Herzogtums Melun (1441), findet sich ebenfalls bei Gregor noch keine Spur, und es ist ungewiss, welchem historischen Faktum dieses Einschiebsel seinen Ursprung verdankt. Aehnlich verhält es sich mit einer Anzahl geographischer Namen, die der Bericht des Gregor noch nicht kennt, und inbetreff derer wir daher in jedem einzelnen Falle entscheiden müssen, ob sie im Laufe der Zeit in die Handlung eingeflochten oder erst vom Dichter hinzugefügt sind, bevor wir sie für unsere Untersuchung verwerten.

Das Beilager Chlodwigs mit der Chlotilde wird im „Louvre" gefeiert (1032). Diese Angabe ist, wie schon Julleville a. a. O. I 155 hervorhob, für die Bestimmung der Abfassungszeit unserer Mirakel von Wichtigkeit, da der Louvre erst seit Karl V (1364—80) den französischen Königen als Woh-

---
1) Zehn Bücher fränkischer Geschichte Buch II Kap. 28—31.
2) Giesebrecht, Gregor von Tours I 91 Anm.

nung diente. Aber auch für uns hat sie Bedeutung, da wir sie aus demselben Grunde als von dem Dichter herrührend betrachten dürfen.

Auf die Erwähnung der Stadt „Melun" kann an sich zwar kein Gewicht gelegt werden, im Verein mit der anderen Bemerkung jedoch, dass der König die zur Bekämpfung des Aufstandes erforderlichen Streitkräfte bei „Villejuif" sammelt, trägt sie wesentlich zur Förderung unserer Untersuchung bei. Melun liegt südöstlich, Villejuif unmittelbar südlich von Paris; Chlodwig konnte daher recht gut, wenn er gegen die erstere Stadt marschieren wollte, sein Heer bei dem letzteren Orte zusammenziehen. Es erhellt daraus, dass dem Verfasser die Lage beider Orte zu einander genau bekannt war, was um so wichtiger ist, da Villejuif, ein ganz unbedeutendes Dorf, einem entfernter Wohnenden kaum bekannt sein konnte.

Als Melun nun wieder unterworfen ist, ist die Herrschaft der Franken bis zu der Aire ausgebreitet. Das stimmt zu dem Vorhergehenden absolut nicht, denn die Aire ist ein Nebenfluss der Aisne, welcher ganz im Osten Frankreichs, im Dep. Meuse, also weit von Melun entfernt fliesst Die Notiz wird erst verständlich durch die Erwägung, dass die Aire im 14. Jahrh. die Grenze Frankreichs gegen das Deutsche Reich bildete. Für unsere Frage wird hierdurch nichts gewonnen; trotzdem erscheint mir auch für XXXIX Paris als Abfassungsort, wenn nicht gesichert, so doch sehr wahrscheinlich.

XXIII. Die Geschichte von Amicus und Amelius spielt bereits in den ältesten Bearbeitungen in Paris, es kann also diese Thatsache an sich nicht als Beweis für die pariser Herkunft des 23. Mirakels angeführt werden. Dagegen finden sich in dem Stücke andere der Gegend von Paris angehörende Ortsnamen, welche in der Chanson, der Quelle desselben, fehlen und von dem Mirakeldichter offenbar nur zu dem Zwecke eingefügt sind, um der Handlung durch die öftere Erwähnung bekannter Oertlichkeiten eine grössere Lebendigkeit zu verleihen.

Die feindlichen Grafen, welche auf die Hauptstadt des Königs einen Angriff machen wollen, sind bereits diesseits des Waldes von Saint Clost (Saint-Cloud) angelangt, ehe die Nachricht von ihrem Anmarsche nach Paris gekommen ist (196). — Nach dem Siege der königlichen Truppen werden die gefangenen feindlichen Anführer in den Turm des Louvre geworfen, von dem gesagt wird, dass er nur solche Gefangene in sich aufnehme, welche keine Aussicht auf Wiedererlangung ihrer Freiheit haben (321, 347). Diese letztere Angabe hat neben ihrer Bedeutung für die Bestimmung des Abfassungsortes noch den Wert, dass wir mit Julleville daraus schliessen dürfen, dass das Mirakel zu einer Zeit geschrieben wurde, wo entweder der Louvre noch Festung war oder kurz vorher aufgehört hatte zu sein. Wir haben oben gesehen, dass XXXIX den Louvre bereits als Wohnung des Königs kennt. Dieser Unterschied braucht indes nicht notwendig auf ein höheres Alter des 23. Mirakels hinzudeuten, sicherlich bietet er aber einen neuen Beweisgrund für meine früher[1]) ausgesprochene Ansicht dar, dass die beiden Stücke nicht von demselben Verfasser herrühren. Denn wenn derselbe Mann XXIII und XXXIX geschrieben hätte, so musste er wissen, dass der Louvre früher nicht von den Königen bewohnt wurde, und er hätte dann ohne Zweifel, wo es sich um eine so alte Geschichte, wie die von Chlodwig, handelte, nicht den Louvre in diesem Zusammenhange genannt. — Der letzte Teil der Geschichte, welcher in der Chanson in Riviers sich abspielt, ist von dem Mirakel wohl nicht ohne Absicht nach Paris verlegt worden.

V. 1109 wird der „roy des ribaux" erwähnt, der zur Zeit Philipp Augusts Führer der Leibgarde, später Polizeibeamter für den königlichen Palast war. Dass der Verfasser den immerhin eigentümlichen Titel dieses Beamten kannte, zeigt, dass er mit den pariser Verhältnissen ziemlich vertraut war. — Dagegen braucht der Umstand, dass Amiles nach der Wiedererweckung seiner Kinder „A l'eglise de nostre dame" (1881) ihr Gewicht in Wachs gelobt, wegen der Häufigkeit der nach der h. Jungfrau benannten Kirchen nicht notwendig auf Paris hinzudeuten. In Verbindung mit dem Vorhergehenden gewinnt jedoch auch dieses Faktum an Wichtigkeit. Vgl. hierzu XXXV 641: „Alons au moustier nostre Dame."

Aus dem Gesagten scheint mir zur Genüge hervorzugehen, dass auch das 23. Mirakel in Paris entstanden ist, ein Resultat, mit wolchem die Anrufung des „saint Espire de Corbueil" in v. 1524, da Corbeil nur wenig südlich von Paris liegt, vollständig in Einklang steht.

---
1) l. c. p. 71,72.

Ueber den sergent Griffon de Savoie (431) konnte ich keine Auskunft erlangen. Mit der v. 56 genannten „terre d'Aise" ist Asien gemeint.[1])

XXII. Das Mirakel vom heil. Panthaleon enthält nur eine beschränkte Anzahl bestimmter Ortsbezeichnungen, und da ausserdem die Quelle, aus welcher der Dichter hier geschöpft hat, noch nicht festgestellt ist, so kann ein völlig sicheres Ergebnis nicht gewonnen werden.

Der Arzt Morin ist eines Kranken wegen nach Pas gereist, einem Orte, der so weit von dem Wohnorte des Arztes oder, was dasselbe heisst, des Dichters entfernt liegt, dass der Vater des Panthaleon auf den Gedanken kommen kann, die siebentägige Abwesenheit seines Sohnes könne durch diese Reise hervorgerufen sein (335). Ein Dorf Pas in Artois wird auch II 602 erwähnt, woselbst der Second Clerc erklärt, dass eine heiligere Frau als die Aebtissin

„de cy jusques au Pas
En Artoys ou moult grant voie a"

nicht gefunden werde. Es ist ohne Zweifel in beiden Stücken derselbe Ort gemeint.

Panth. macht seinen Vater glauben, er habe einer längeren Kur wegen mit seinem Lehrmeister verreisen müssen; dem Morin sagt er, sein Vater habe ein Landgut gekauft, welches sie beide besehen hätten.[2]) Dass er mit diesen Lügen bestehen kann, weist darauf hin, dass er in einer grossen Stadt wohnt, wo Morin und der Vater sich nur selten zu sehen bekommen (404).

---

1) Vgl. über diese Form: G. Paris, Etude sur le rôle de l'accent latin p. 95.

2) Die betreffende Stelle ist von Julleville II 283 falsch aufgefasst. Es heisst v. 404 „Sire, mon père a acheté Hors de la ville un heritage", was nicht zu übersetzen ist, „er hat eine Erbschaft angetreten", sondern „er hat ein Erbe (d. i. ein Gut) gekauft." In gleicher Bedeutung wird heritage VI 361 gebraucht. — Als eine glückliche Besserung muss dagegen in dem Citate II p. 284 der Vers 1584 bezeichnet werden, welcher in der Ausgabe ganz sinnlos „Que pour chascun homme un ostel" lautet, von J. aber in „Qu'un homme pour chascun ostel" umgeändert ist, wie der Sinn es erfordert. Der überlieferte Text scheint aus einer gedankenlosen Benutzung einer Stelle aus dem 15. Mir. hervorgegangen zu sein.

Vgl. XXII 1584
Que pour chascun homme un ostel Ne viegne tost a la justice.
XV 1099.
De chascun hostel un homme isse Qui viengne veoir la justice.
Die Einladung an sich bietet nichts Auffallendes. Vgl. Soldan, Gesch. der Hexenprozesse. Neu bearbeitet von Heppe. 1880. I 217.

An einer anderen Stelle sagt Morin zu dem Kaiser, dass er von all den von Panth. geheilten Personen nur den Blinden kenne. Lebte er in einer kleinen Stadt, so wären ihm sicherlich sofort alle bekannt geworden. Die beiden sergents ihrerseits kennen auch den Blinden nicht, so dass M. mit ihnen gehen muss, um ihnen denselben zu zeigen. Dagegen ist ihnen Panth. selber bereits bekannt, offenbar weil er der Sohn eines angesehenen Mannes ist und sich durch seine wunderbaren Heilungen bereits grossen Ruf erworben hat. Namen und Wohnung des Hermolaus und seiner Genossen kann der Kaiser nur durch List erfahren.

Es wird nach dem Gesagten einleuchten, dass der Dichter sich die Handlung als in einer grossen Stadt spielend dachte; und dass diese Stadt wahrscheinlich Paris war, geht aus der Erwähnung des kleinen Dorfes Larchant hervor, welches südöstlich von Paris bei Nemours liegt. (1650: Der eine Sergent rühmt sich, dass ein besseres Schwert als das seinige „von hier bis Larchant" nicht gefunden werde.)

XXVI. Die Handlung spielt in dem Orte Chiefvi (452), dessen Maire der Gemahl der Guibour ist. Der Name findet sich in derselben Form, wennschon dreisilbig, in dem Berichte des Gautier de Coincy bei Poquet p. 238, und es wird dort angegeben, dass er in der Nähe von Laon liege. Die lateinischen Versionen der Legende nennen den Ort Chiviacus oder Civiacus, und die eine von ihnen fügt ausdrücklich hinzu, dass er 2 Meilen von Laon entfernt sei. Dom Lelong in seiner Hist. du Diocèse de Laon p. 196 verlegt den Ort ebenfalls in die Nähe jener Stadt und giebt ihm die Form Chivi. Michel, dem übrigens das Gautier'sche Mirakel noch unbekannt war, schwankt zwischen einem Dorfe und einem Weiler Chivy, beide bei Laon gelegen.[1]) Julleville l. c. I 158 entscheidet sich in Hinsicht auf das hohe Alter der ersteren der von Michel genannten Ortschaften unbedenklich für diese.

Was die Gegend anbetrifft, der die von Guibour gedungenen Mörder angehören, so sagen Gautier und Hermanus Monachus darüber nichts; in dem Buche „De Laudibus B. Mariae" (Poquet p. 233) sind sie „genere Nervi", Dom Lelong

---

[1]) Monmerqué und Michel, Théâtre franç. au moyen âge p. 339 Anm. „Probablement Chivy-lès-Etouvelles, village situé dans l'arrondissement et à une lieue et quart de Laon. Il y a encore un Chivy, hameau dépendant de la commune de Baulne et à cinq lieues de la même ville. Ce nom nous ferait croire que l'auteur de cette pièce était Laonnais "

lässt sie aus dem Hennegau stammen, das Mirakel endlich giebt ganz bestimmt das Dorf le Crotoy an der Mündung der Somme als ihre Heimat an (200).

Vergleichen wir die Angaben der verschiedenen Berichte, über diese beiden Punkte mit einander, so stellt sich heraus, dass in Bezug auf den letzteren keinerlei Uebereinstimmung herrscht, während inbetreff des ersteren Gautier und das Mirakel eine Form mit „ie", die übrigen eine solche mit „i" bieten. Die Divergenz wird noch grösser, wenn wir hinzufügen, dass alle Versionen den zweiten Teil des Stückes in Laon sich abspielen lassen und nur das Mirakel sich über den Ort der Handlung in absolutes Schweigen hüllt.

Soweit ich die Sache überblicke, erklären sich die Eigentümlichkeiten des Mirakels etwa auf folgende Weise: Der Verfasser desselben benutzte die Gautier'sche Erzählung; er fand darin das Dorf Chiefvi genannt, welches er, da ihm die Gegend von Laon fremd war, mit dem Dorfe Quiévy bei Cambrai im Hennegau identifizierte, was er um so leichter konnte, da der pikardische „k" Laut vor „i" in vielen Fällen franzischem „ch" entspricht. War dies geschehen, so hatte es keinen Sinn mehr, dass die Dame in Laon vor ein Gericht gestellt wurde; der Dichter strich daher aus der Erzählung alles, was auf diese Stadt Bezug hatte, ohne indes eine bestimmte andere Stadt an ihre Stelle zu setzen.[1]

Aus dem Vorstehenden ergiebt sich als sicheres Resultat, dass der Verfasser des 26. Mirakels keinenfalls ein Einwohner von Laon gewesen sein kann, wie Michel vermutet hat. — Besser begründet ist dagegen seine Deutung der Bezeichnungen „gourdaine" und „paradis" (690 u. 692), welche Schiött[2]) mit Unrecht angegriffen hat. Es sind nach ihm (l. c. p. 344) die Namen zweier pariser Gefängnisse, von denen das eine durch Roquefort in seinem Glossaire de la langue romane I

---

1) Dass die Geschichte ursprünglich wirklich in Quiévy und nicht in Chivy spielt, scheint mir ziemlich sicher; fraglich ist jedoch, ob Gautier thatsächlich die Quelle unseres Mirakels ist, denn die Uebereinstimmungen beider Texte sind nicht so in die Augen springend, dass sie nicht auch durch Benutzung einer gemeinschaftlichen Vorlage entstanden sein könnte. Diese Vorlage würde dann den Namen Laon noch nicht enthalten haben, der vielmehr erst durch Gautier in die Legende eingefügt wäre.

2) Herrig's Archiv. Bd. 68 p. 140 f.

701 mit Bestimmtheit als ein solches festgestellt zu sein scheint. Durch ihre Erwähnung wird auch für XXVI Paris als Abfassungsort erwiesen.

XVIII. Für unsere Untersuchung in Betracht kommende Angaben enthält dieses Stück vier: Die als Mann verkleidete Theodore wird aus ihrem Kloster nach Rougeval geschickt, um dort Oel einzukaufen (543). Auf ihrem Wege muss sie den „chemin du martire saint Pére et saint Pol" benutzen (566). Ferner wird v. 1008 einmal „saint Spire de Corbueil" angerufen; und schliesslich kann vielleicht auch aus dem Namen der Kupplerin, Margot de Mulent (90), auf den Abfassungsort ein Schluss gezogen werden.

Ich will gleich bemerken, dass ich für dasjenige Kloster, welches sich der Mirakeldichter als den Aufenthaltsort der Theodore dachte, das auf dem Montmartre halte. Der „Schmerzensweg der Heiligen Peter und Paul" würde sich dann mit der heutigen, von dem Montmartre nach dem alten Paris führenden „rue des Martyrs" decken, in der Nähe von deren Endpunkte sich eine „cité Rougemont" und eine rue gleichen Namens findet, welche, wie mir däucht, nur dem Reime mit „cheval" zu Liebe, vielleicht auch aus irgend einem anderen Grunde hier in Rougeval umgetauft sind. Ein Ort Rougeval ist in der That in ganz Frankreich nicht nachzuweisen, und da die Bezeichnung „cité" andeutet, dass Rougemont früher eine selbständige Ortschaft war, so scheint mir ein stichhaltiger Grund gegen die Annahme einer solchen Namensänderung nicht vorhanden zu sein.

Dem entspricht vollkommen die Anrufung des „saint Spire de Corbueil", welchen wir ganz in demselben Zusammenhange in dem Mirakel von Amis und Amiles (XXIII 1524), einem ebenfalls wahrscheinlich aus Paris stammenden Stücke, genannt fanden.[1] — Der Ort Mulent, von dem die Kupplerin ihren Namen führt, ist wohl identisch mit der Stadt Meulan, etwas unterhalb Paris an der Seine.[2]

Auch inbetreff dieses Stückes möchte ich mich für Paris als den Abfassungsort entscheiden.

[1] Es ist übrigens zu beachten, dass der Name Corbueil hier dreisilbig gesprochen wird, während er in XXIII zweisilbig ist. Vielleicht ist diese Verschiedenheit auf ein blosses Versehen des Schreibers zurückzuführen, welcher den Heiligen in XVIII Spire, in XXIII dagegen richtiger Espire schreibt.

[2] Meulent bei P. Paris, Li Romans de Berte p. 111.

II. Von der nicht geringen Zahl geographischer Namen, welche der Verfasser von II bei verschiedenen Gelegenheiten in sein Stück eingeflochten hat, ist die grösste Wichtigkeit ohne Zweifel der v. 493 ff. gemachten Andeutung beizumessen, wonach die Aebtissin den Clerc zu ihrem Pächter Errart nach Vaugirard schickt, um eine Summe Geldes zu erheben, welche dieser für sie aufbewahrt. Es giebt nur einen Ort in Frankreich, welcher den Namen Vaugirard führt, die bekannte Vorstadt von Paris, welche vor nicht langer Zeit noch eine selbständige Ortschaft bildete. Ihre Erwähnung lässt darauf schliessen, dass der Dichter bei Abfassung seines Stückes eine in der Nähe dieses Ortes liegende Abtei im Auge hatte. Nun hören wir an anderer Stelle, dass der Eremit, welchem Nostre Dame das Kind der Aebtissin bringt, in dem Gehölze von Saint Remi seine Klause hat, und dass dieses Gehölz nicht weit von der Abtei entfernt liegt.[1]) Auch das „ostel de Mons", zu dessen Vorsteherin der Bischof gegen Ende des Stückes die Aebtissin macht,[2]) muss wenigstens demselben Sprengel wie das in Rede stehende Kloster angehören.

Nun tritt uns jedoch die auffallende Thatsache entgegen, dass allerdings unter der grossen Zahl der Monts (od. Mons) und Saint-Remy sich zwei mal zwei finden, welche sich benachbart sind, — zwei kleine bei Lüttich belegene Dörfer resp. die belgische Stadt Mons und ein kleiner Ort bei Thuin —, dass aber weder ein Mons noch ein Saint-Remy in der Gegend von Vaugirard nachzuweisen ist.

Eine Erklärung dieses Widerspruches ist unschwer zu finden. Die Erwähnung von Vaugirard macht es höchst wahrscheinlich, dass das 2. Mirakel ebenso gut wie die vorher behandelten für das pariser puy verfasst ist. Doch scheint das Stück nicht in seiner ursprünglichen, sondern in der ihm bei einer späteren Aufführung verliehenen Gestalt erhalten zu sein, und gerade die Stelle, welche die Notiz über Vaugirard enthält, macht mir ganz den Eindruck einer späteren

---

1) 897 „Ce n'est pas loing", 1150 „Qui est en ce bois la aval" 1198 „Alons nous ent en ce bois la" und 1209 „c'est auques près de cy". Ein allzu grosses Gewicht darf allerdings aus schon früher angeführten Gründen auf diese Angaben nicht gelegt werden.

2) 1175 ff. Die Stelle kann auch bedeuten, dass das „ostel" der Aebtissin zum Geschenk gemacht wird.

III. Dass auch das 3. Mirakel wahrscheinlich in Paris entstanden ist, ergiebt sich aus den folgenden Betrachtungen. V. 70 ff. bittet der Archidiaconus im Auftrage des Kapitels seiner Kirche den Bischof, am nächsten Peterstage, welcher ihr höchster Festtag sei, das Hochamt bei ihnen zu halten. Wir dürfen hieraus schliessen, dass die in Rede stehende Kirche dem heil. Petrus geweiht war; der Anschlag des Archidiaconus aber gegen das Leben seines Herrn, sein fortwährender Verkehr mit dessen Gefolge machen es wahrscheinlich, dass diese Kirche in derselben Stadt lag, in welcher auch der Bischof seinen Wohnsitz hatte.

V. 449 erfahren wir dann weiter, dass der ermordete Prälat bei den Jacobinern begraben wird, der Weg von dem bischöflichen Palaste zu ihnen bei den Mathurinern vorbeiführt. Aus diesen ins Einzelne gehenden Angaben erhellt zunächst, dass dem Dichter bei Abfassung seines Stückes die thatsächlichen Verhältnisse seines Wohnortes vor Augen schwebten. Dieselbe wird also jedenfalls die Residenz eines Bischofs gewesen sein und neben einer Peterskirche ein Jacobiner- und ein Mathurinerkloster besessen haben. Wenngleich nun die Bezeichnung Jacobiner für Dominicaner, obwohl sie ursprünglich von der rue Saint-Jaques in Paris herrührt, nicht ohne Weiteres als Beweis für die pariser Herkunft des Stückes gelten kann, da sie im Mittelalter in Frankreich sehr verbreitet war[1]), so wird doch der Umstand, dass nicht nur die vier angeführten Bedingungen auf Paris passen, sondern auch das v. 1051 erwähnte Karthäuserkloster dort nachweisbar ist[2]), es zur Genüge rechtfertigen, dass wir auch III einem pariser puy zuweisen.

Name und Titel des ermordeten Bischofs stammt wohl noch aus der Vorlage: Jehan Compaigne, evesque d'Alemaigne (383). Wenn der Name Alemaigne nicht einfach des Reimes mit Compaigne wegen gewählt ist, so wird er sich auf einen kleinen Ort Allemagne im Dep. Basses-Alpes nicht weit von der italienischen Grenze beziehen. Auf diese Gegend scheint auch der Titel des Archidiaconus, messer Climent (586), hinzuweisen.[3])

---

1) Vgl. Duruy, Hist. de France. Paris 1866. I 349.
2) cf. Rustebuef a. a. O. p. 55.
3) Die Legende kann auf ein von Gregor von Tours V 46 berichtetes Ereignis, das sich in Rhodez im Dep. Aveyron zutrug, zurückgeführt werden. Sie müsste sich dann zunächst in provenzalischem

XXXIV. Dieses Mirakel spielt naturgemäss, da seine Heldin eine französische Königin ist, in Paris. An mehreren Stellen wird das ausdrücklich hervorgehoben (1221, 2551), an anderen ist es aus dem Zusammenhang ersichtlich (2322, 2371). Die einzige Angabe jedoch, die unzweifelhaft von dem Mirakeldichter herrührt und deshalb allein für unsere Untersuchung herangezogen werden darf, ist in den Worten der Bautheuch v. 486 ff. enthalten: Die Königin giebt ihrem Almosenier den Befehl, die „Cordelliers", „Augustins", „Carmes" und „Jacobins" mit Geld zu unterstützen und auch in den kleineren „prieurtez" die Not der Mönche und Nonnen nach Kräften zu lindern. Die Erwähnung der letzteren gestattet den Schluss, dass unter den ersteren vier Namen nicht allgemein die Klöster der betreffenden Orden im ganzen Königreiche zu verstehen sind, da auch diese Brüderschaften sicherlich kleine Prioreien besessen haben, es sind vielmehr die vier grössten Klöster in Paris gemeint, welche der allem Anscheine nach dem geistlichen Stande angehörende Verfasser wohl nicht ohne Grund in diesem Zusammenhange genannt hat. — Auch für das 34. Mirakel werden wir deswegen unbedenklich Paris als Entstehungsort ansetzen dürfen.

XXIX. Das Mirakel von der Tochter des Königs von Ungarn ist das einzige, in welchem der Name „Senlis" vorkommt. In der Ebene bei dieser Stadt wird ein Turnier abgehalten, an welchem auch der König von Schottland sich beteiligt (888, 1320). Ich kann hierin einen Beweis dafür, dass das Mirakel in Senlis geschrieben sei, nicht erblicken; der einzige Schluss, der nach meiner Ansicht allenfalls aus der Notiz gezogen werden könnte, ist der, dass zur Zeit, als das Mirakel verfasst wurde, in Senlis thatsächlich ein Turnier stattfand resp. kurz vorher stattgefunden hatte.[1]) Die Angabe ist also weniger für die Frage, wo die Mirakel entstanden sind, als vielmehr für die Frage, wann sie entstanden sind, von Bedeutung. Ich weiss nicht, ob es in Senlis jemals eine dem heil. Andreas geweihte Kirche gegeben hat, jedenfalls lässt sich in Paris eine solche nachweisen, und

---

Sprachgebiete entwickelt und ausgebreitet haben, später in dem Dorfe Allemagne localisiert worden und dann nach Nord-Frankreich übergegangen sein

1) Ich habe hierüber allerdings in den mir zu Gebote stehenden Werken nichts finden können.

wenn ich auch die Möglichkeit nicht in Abrede stellen will,
dass der Dichter ganz willkürlich den Namen „eglise saint
Andry" (1005) für die Kirche, in welcher die Königin das
Hochamt für das Wohlergehen ihres abwesenden Gemahls
zu halten befiehlt, gewählt haben könnte, so muss man doch
andererseits zugeben, dass es ihm näher lag, einfach den
Namen einer ihm bekannten Kirche zu entleihen, besonders
da er gewiss sein durfte, dadurch auch das Interesse der
Zuschauer wesentlich zu steigern. Existiert eine Kirche dieses
Namens in Senlis also nicht, so werden wir mit grösserer
Wahrscheinlichkeit Paris als Abfassungsort des Stückes an=
sehen dürfen.

VI. Der Dichter legt eine genaue Bekanntschaft mit
den Verhältnissen der „Enfants de la chappelle au roy" an
den Tag (332, 355, 370), sogar der Name des Lehrers, wel=
cher die Befähigteren unter ihnen unterrichtet, ist ihm bekannt
(390 „maistre Josce l'alemant"). Nichts hindert daher, auch
das 6. Mirakel einem pariser Verfasser zuzuweisen.

XXXI. Die in diesem Stücke enthaltenen Angaben
lassen einen sicheren Schluss auf den Abfassungsort nicht zu.
Bertha reist über St. Denis, Blancheflour über Cambrésis und
St. Denis nach Paris (1454). Von Wichtigkeit ist dabei nur
die in der Vorlage noch nicht enthaltene Bemerkung des
„Premier Chevalier", dass St. Denis nur zwei kleine Weg=
stunden von Paris entfernt sei, da sie zeigt, dass der Dichter
in dieser Gegend Bescheid wusste. Auf Paris als seinen
Wohnort deutet sie jedoch nicht notwendig hin, da St. Denis
auf dem Wege von Senlis nach Paris liegt und somit der
Verfasser leicht genaue Auskunft über die Entfernung der
beiden Städte erhalten konnte, wenn er nicht schon selber
auf einer Reise den Weg kennen gelernt hatte. — Die übrigen
Ortsnamen finden sich bereits in dem Roman des Adenès.

Die nun folgenden Stücke haben keinerlei direkte Be=
ziehungen auf Paris aufzuweisen, wie die bisher besprochenen.
Trotzdem werden auch sie, wenn auch von nicht aus Paris
gebürtigen Dichtern, doch für ein pariser puy abgefasst sein.
Ich beginne mit dem 7. Mirakel.

VII. Das Stück behandelt die bekannte Legende von
der Nonne, welche heimlich ihr Kloster verlässt, um die Frau

eines Ritters zu werden, nach einer 30jährigen Ehe aber reumütig zu ihrer Aebtissin zurückkehrt. Bevor es ihr gelingt, den Ausgang zu gewinnen, macht sie zwei Fluchtversuche, welche beide von der Jungfrau Maria vereitelt werden. Nachdem der erste Versuch missglückt ist, lässt der Dichter den Ritter einige Worte mit seinem Knappen wechseln. Wir erfahren da, dass Mitternacht schon vorüber ist, der Ritter aber noch warten will bis zum Anbruch des Tages. Nachdem alsdann vorgeführt ist, wie die Nonne auch das zweite Mal durch Nostre Dame an der Flucht gehindert wird, hören wir wieder den Knappen sprechen, der seinen Herrn darauf aufmerksam macht, dass es hohe Zeit sei zu gehen, da man schon die Stimme der Lerche vernehme. Der Ritter schickt darauf den Knappen nach Hause, er selbst bleibt zurück, um womöglich noch einmal insgeheim mit seiner Geliebten zu sprechen. Die folgende Scene führt uns dann in das Schlafgemach der Nonnen, welche sich eben von ihrem Lager erheben und ihre Morgenandacht verrichten. Die ganze Darstellung zeigt klar, dass alles dies in einer einzigen Nacht sich ereignete. Es kommt hinzu, dass Nostre Dame, welche vor dem ersten Fluchtversuche den Himmel verliess, um ihn zu verhindern, erst nach dem zweiten dorthin zurückkehrt, was jedenfalls nicht der Fall sein würde, wenn zwischen beiden ein Zwischenraum von einem Tage läge. Trotzdem wird nun im Folgenden an zahlreichen Orten übereinstimmend stets von zwei Nächten gesprochen, in denen der Ritter vergeblich auf seine Dame gewartet habe (cf. 482, 553, 913, 920 etc.)

Wie ist nun dieser Widerspruch zu erklären? An einen Irrtum des Dichters kann hier nicht gedacht werden, da unmöglich derselbe Mann, welcher eben in 150 Versen die beiden Fluchtversuche als in einer Nacht gemacht dargestellt hat, schon 30 Verse später und von da ab immer behaupten wird, es seien zwei Nächte gewesen. Es bleibt uns daher nur die Annahme übrig, dass der uns überlieferte Text die Ueberarbeitung eines älteren Stückes ist, in welchem der Fluchtversuch in der That in zwei auf einander folgenden Nächten sich wiederholte.[1])

---

1) Es sei mir gestattet, an dieser Stelle einige ähnliche Fälle aus zwei anderen Stücken kurz zu berühren, welche, wie es scheint, von den Herausgebern der Sammlung übersehen worden sind. Der Name des ersten Teufels ist in XIII nach v. 315 Sathan, der des zweiten nach

Wir haben uns den Gang der Handlung in jener älteren Fassung etwa so zu denken, dass Nostre Dame nach der Vereitelung des ersten Versuchs in den Himmel zurückkehrt, die Nonnen am anderen Morgen ihre Gebete verrichten, der Ritter bei dieser Gelegenheit von seiner Geliebten eine neue Zusage erhält, Nostre Dame jedoch abermals zur Erde herabsteigt, ihr den Ausgang aus der Kapelle versperrt und dann wieder zum Himmel zurückkehrt. Diese zweimalige Wiederholung genau derselben Situationen wollte der Ueberarbeiter vermeiden, er strich daher die zwischen dem ersten und zweiten Versuch liegenden Scenen und schob dafür die Unterredung des Ritters mit dem Knappen ein. Durch diese Aenderung musste das Rondel, welches von den Engeln auf der zweiten Fahrt der heil. Jungfrau zur Erde gesungen wurde, sowie die Reprise des ersten Rondels wegfallen, die Reprise des zweiten, welche ursprünglich hinter v. 425 stand, hatte allein nun auch keinen Sinn mehr, weshalb sie von dem Bearbeiter durch das ganze zweite Rondel ersetzt wurde. That er aber dies, so musste er auch die vorhergehende Unterhaltung Marias mit den Engeln umändern, und dadurch entstand wohl die Abweichung, dass, während in den drei übrigen das Singen behandelnden Scenen Gabriel zuerst ein Lied zu singen vorschlägt, hier Nostre Dame selbst den Befehl dazu giebt. Aus dem Wegfall der mittleren Scenen aber erklärt sich neben dem oben erwähnten Wider-

---

v. 313 Belial; in v. 659 wird dagegen der Name Sathan dem zweiten Teufel beigelegt, und von da ab sind die Ueberschriften über den einzelnen Reden dieser Scene constant vertauscht, so dass z. B. v. 668 ff. der Premier Dyable sich des Streiches gegen die Stadt des Basilius rühmt, während v. 314 ff. der Deuxiesme Dyable sich dieses Verdienst zuschreibt. — Ebenso wird in demselben Stücke consequent Michiel als Premier Ange und Gabriel als Deuxiesme Ange bezeichnet, während in allen übrigen die umgekehrten Bezeichnungen üblich sind. — Der erste dieser beiden Punkte könnte auf Rechnung des Schreibers gesetzt werden, da in der v. 659 beginnenden Scene der Deux. Dyable vor dem Pr. Dyable spricht; der zweite dagegen wird als eine Eigentümlichkeit des Verfassers anzusehen sein.

Aehnliches findet sich in XXV. Dort redet v. 1263 der Pr. Dyable den Deux. Dyable, v. 1334 der letztere den ersteren mit Sathan an. Die Sache ist entweder so zu erklären, dass der Dichter das Wort Sathan nicht als Eigenname, sondern als Gattungsname im Sinne von „Teufel" verwandte, wie z. B. XX 1868, oder dass durch den Schreiber einmal die Ueberschriften vertauscht sind.

Hiernach sind die von mir in den „Untersuchungen" p 21, 18 und 25 gemachten Bemerkungen zu berichtigen.

spruch auch die Unregelmässigkeit, dass hier ganz ohne allen Grund statt der Reprise auf dem Rückwege ein Rondel gesungen wird, während das Mirakel unter gleichen Verhältnissen v. 878 richtig die Reprise des vorhergehenden Rondels zeigt. Ob ursprünglich vor der auf dem Rückwege von der Kapelle zum Himmel gesungenen Reprise (v. 425) ein Achtsilbler gestanden hat, wie später v. 877, oder ob der betreffende Vers, wie jetzt vor dem an ihre Stelle getretenen Rondel, ein Viersilber war, kann nicht mit Sicherheit entschieden werden, doch ist die erste Annahme die wahrscheinlichere.[1])

Aus dem Gesagten ergiebt sich, dass uns in dem 7. Mirakel kein Original, sondern nur die Ueberarbeitung eines älteren Stückes erhalten ist. Dass nun diese Bearbeitung in Paris vorgenommen wurde, ist mir aus den früher angeführten Gründen unzweifelhaft; es fragt sich aber weiter, welches denn der Entstehungsort des ursprünglichen Mirakels ist. Die einzige Notiz, an die wir vielleicht anknüpfen könnten, ist die, dass das Dorf „Loncval" an den Gemahl der Nonne regelmässige Abgaben zu entrichten hat (818). Ein kleiner Ort Longueval, mit welchem der hier erwähnte wohl zu identificieren ist, liegt im Norden Frankreichs, im Dep. Somme. Nun sind wir gerade bei diesem Mirakel in der glücklichen Lage, die Vorlage zu kennen. Eins der von Ulrich, Gröbers Ztschr. VI 339 ff., herausgegebenen contes des Gautier de Coincy stimmt nicht nur in allen Einzelheiten mit unserem Stücke überein, sondern es zeigt hie und da auch sehr deutliche Anklänge im Wortlaut, welche ganz besonders entscheidend ins Gewicht fallen. Nur eine bedeutendere Abweichung ist zu constatieren, und diese betrifft gerade die Stelle, wo „Loncval" vorkommt: die ganze Geschichte von dem Kriegszug des Ritters fehlt nämlich bei Gautier, ist also wohl von dem Mirakeldichter hinzugefügt. Ich entnehme daraus, dass dieser ein Nordfranzose war, für die Herkunft des Stückes aber ergiebt sich daraus nichts.[2])

---

1) Ich habe diesen Punkt hier deshalb so eingehend behandelt, weil dadurch mehrere der in meiner früheren Arbeit p. 56 und 63 angeführten Unregelmässigkeiten von VII ihre Erklärung finden.

2) Der Tag der ersten Aufführung dieses Stückes lässt sich mit einiger Gewissheit nach darin enthaltenen Andeutungen ermitteln. V. 2 sagt die Aebtissin „Il est hui grant feste et beau jour", v. 394 die

Ueber den sergent Griffon de Savoie (431) konnte ich keine Auskunft erlangen. Mit der v. 56 genannten „terre d'Aise" ist Asien gemeint.[1])

XXII. Das Mirakel vom heil. Panthaleon enthält nur eine beschränkte Anzahl bestimmter Ortsbezeichnungen, und da ausserdem die Quelle, aus welcher der Dichter hier geschöpft hat, noch nicht festgestellt ist, so kann ein völlig sicheres Ergebnis nicht gewonnen werden.

Der Arzt Morin ist eines Kranken wegen nach Pas gereist, einem Orte, der so weit von dem Wohnorte des Arztes oder, was dasselbe heisst, des Dichters entfernt liegt, dass der Vater des Panthaleon auf den Gedanken kommen kann, die siebentägige Abwesenheit seines Sohnes könne durch diese Reise hervorgerufen sein (335). Ein Dorf Pas in Artois wird auch II 602 erwähnt, woselbst der Second Clerc erklärt, dass eine heiligere Frau als die Aebtissin

„de cy jusques au Pas
En Artoys ou moult grant voie a"

nicht gefunden werde. Es ist ohne Zweifel in beiden Stücken derselbe Ort gemeint.

Panth. macht seinen Vater glauben, er habe einer längeren Kur wegen mit seinem Lehrmeister verreisen müssen; dem Morin sagt er, sein Vater habe ein Landgut gekauft, welches sie beide besehen hätten.[2]) Dass er mit diesen Lügen bestehen kann, weist darauf hin, dass er in einer grossen Stadt wohnt, wo Morin und der Vater sich nur selten zu sehen bekommen (404).

---

1) Vgl. über diese Form: G. Paris, Etude sur le rôle de l'accent latin p. 95.

2) Die betreffende Stelle ist von Julleville II 283 falsch aufgefasst. Es heisst v. 404 „Sire, mon père a acheté Hors de la ville un heritage", was nicht zu übersetzen ist, „er hat eine Erbschaft angetreten", sondern „er hat ein Erbe (d. i. ein Gut) gekauft." In gleicher Bedeutung wird heritage VI 361 gebraucht. — Als eine glückliche Besserung muss dagegen in dem Citate II p. 284 der Vers 1584 bezeichnet werden, welcher in der Ausgabe ganz sinnlos „Que pour chascun homme un ostel" lautet, von J. aber in „Qu'un homme pour chascun ostel" umgeändert ist, wie der Sinn es erfordert. Der überlieferte Text scheint aus einer gedankenlosen Benutzung einer Stelle aus dem 15. Mir. hervorgegangen zu sein.

Vgl. XXII 1584
Que pour chascun homme un ostel   Ne viegne tost a la justice.
XV 1099.
De chascun hostel un homme isse   Qui viengne veoir la justice.
Die Einladung an sich bietet nichts Auffallendes. Vgl. Soldan, Gesch. der Hexenprozesse. Neu bearbeitet von Heppe. 1880. I 217.

An einer anderen Stelle sagt Morin zu dem Kaiser, dass er von all den von Panth. geheilten Personen nur den Blinden kenne. Lebte er in einer kleinen Stadt, so wären ihm sicherlich sofort alle bekannt geworden. Die beiden sergents ihrerseits kennen auch den Blinden nicht, so dass M. mit ihnen gehen muss, um ihnen denselben zu zeigen. Dagegen ist ihnen Panth. selber bereits bekannt, offenbar weil er der Sohn eines angesehenen Mannes ist und sich durch seine wunderbaren Heilungen bereits grossen Ruf erworben hat. Namen und Wohnung des Hermolaus und seiner Genossen kann der Kaiser nur durch List erfahren.

Es wird nach dem Gesagten einleuchten, dass der Dichter sich die Handlung als in einer grossen Stadt spielend dachte; und dass diese Stadt wahrscheinlich Paris war, geht aus der Erwähnung des kleinen Dorfes Larchant hervor, welches südöstlich von Paris bei Nemours liegt. (1650: Der eine Sergent rühmt sich, dass ein besseres Schwert als das seinige „von hier bis Larchant" nicht gefunden werde.)

XXVI. Die Handlung spielt in dem Orte Chiefvi (452), dessen Maire der Gemahl der Guibour ist. Der Name findet sich in derselben Form, wennschon dreisilbig, in dem Berichte des Gautier de Coincy bei Poquet p. 238, und es wird dort angegeben, dass er in der Nähe von Laon liege. Die lateinischen Versionen der Legende nennen den Ort Chiviacus oder Civiacus, und die eine von ihnen fügt ausdrücklich hinzu, dass er 2 Meilen von Laon entfernt sei. Dom Lelong in seiner Hist. du Diocèse de Laon p. 196 verlegt den Ort ebenfalls in die Nähe jener Stadt und giebt ihm die Form Chivi. Michel, dem übrigens das Gautier'sche Mirakel noch unbekannt war, schwankt zwischen einem Dorfe und einem Weiler Chivy, beide bei Laon gelegen.[1]) Julleville l. c. I 158 entscheidet sich in Hinsicht auf das hohe Alter der ersteren der von Michel genannten Ortschaften unbedenklich für diese.

Was die Gegend anbetrifft, der die von Guibour gedungenen Mörder angehören, so sagen Gautier und Hermanus Monachus darüber nichts; in dem Buche „De Laudibus B. Mariae" (Poquet p. 233) sind sie „genere Nervi", Dom Lelong

---

1) Monmerqué und Michel, Théâtre franç. au moyen âge p. 338 Anm. „Probablement Chivy-lès-Etouvelles, village situé dans l'arrondissement et à une lieue et quart de Laon. Il y a encore un Chivy, hameau dépendant de la commune de Baulne et à cinq lieues de la même ville. Ce nom nous ferait croire que l'auteur de cette pièce était Laonnais"

XII. Die Heldin des 12. Mirakels ist die „Marquise de la Gaudie", in deren Herrschaft die ganze Handlung sich abspielt. Eine Markgrafschaft „Gaudine" ist nicht bekannt, der Name stammt vielmehr von dem belgischen Dorfe Godinne nicht weit von der Stadt Dinant her, in dessen Nähe sich auch ein Ort Pailhe, von dem der „Premier Chevalier" des Stückes seinen Namen hat (v. 38 „Messire Almaurry de la Paille") findet.[1]) Eine Burg „Bianchastel", nach der der Ritter Anthenor sich genannt haben könnte, vermag ich mit meinen Mitteln allerdings in dieser Gegend nicht nachzuweisen, doch mag sie desshalb recht wohl ehemals dort existiert haben, wenn nicht der Name einfach ein erfundener ist.[2])

Wie die Namen „Gaudine" und „Paille" in das Stück hineingekommen sind, lässt sich nicht mehr feststellen, da die Quelle, welche dem Dichter vorgelegen hat, nicht bekannt ist. Die Annahme Julleville's (II 253), dass eine Beziehung zwischen dem Mirakel und der von Guessard ver-

---

Première Nonne „jours avons moult longs Et courtes nuiz." Die Aufführung fand also an einem Festtage im Hochsommer statt. Da nun weiter ein Heiliger in dem Stücke nicht auftritt, was doch geschehen sein würde, wenn an dem Tage eines solchen das Stück gespielt worden wäre, die ganze Handlung vielmehr offenbar auf eine Verherrlichung der Jungfrau Maria abzielt, so wird dieser Festtag ein ihr zu Ehren gefeierter gewesen sein. Von den Marienfesten aber fallen in den Sommer Mariae Heimsuchung (2. Juli) und Mariae Himmelfahrt (15 Aug.); einer dieser beiden Tage wird daher der gesuchte sein.

1) Pio Rajna erwähnt (Le Origini dell'Epopea francese p. 217/19), dass nach Gottfried v. Viterbo das von der Seine und der Loire durchströmte Land im 8. Jahrh. den Namen Gaudina geführt habe. Dass diese Bezeichnung mit unserem Gaudine in irgend welchem Zusammenhange stehe, ist kaum denkbar; ebenso wenig kann ich mir vorstellen, dass dieser Name, sowie der des Herrn de la Paille (Gaudine alz. = Gehölz, Paille = Stroh) einem witzigen Einfall des Dichters seinen Ursprung verdanke, ähnlich wie z. B. in XXXVIII die Titel der Herren von Lisiöre, Fosse fière, Arbre sec, Groing. Diese in den Mirakeln ohnehin seltene Art der Namenerteilung würde zu dem sonstigen Charakter von XII durchaus nicht passen.

2) Dem zur Seite wäre vielleicht das Schloss Bellevoy zu stellen, welches XXV 1292 erwähnt wird und auch nirgends zu finden ist. — Nebenbei sei hier noch bemerkt, dass in dem „Miracle du chevalier qui donna sa femme au dyable" (bei Viollet le Duc, Ancien théâtre franç. III 425 ff. und bei Fournier, Théâtre franç. avant la Renaissance p. 176 ff.) die beiden Knappen des Chevalier, wie in XII die beiden Ritter, die Namen Amaury und Anthenor führen. Sollte sich nicht irgend ein Zusammenhang zwischen den beiden Stücken nachweisen lassen?

öffentlichten chanson de geste „Macaire" bestehe, ist bereits von Voigt (p. 69) zurückgewiesen worden. In der That ist nicht einzusehen, wie ein Mirakeldichter dazu kommen sollte, die in seiner Vorlage gebräuchlichen Namen durch solche, welche sich auf ganz unbedeutende belgische Ortschaften beziehen, zu ersetzen. Viel wahrscheinlicher ist es, dass er einer anderen Version dieser weit verbreiteten Sage folgte, welche bei Dinant zu Hause war. Wie dem aber auch sei, ein Grund, für das 12. Mirakel einen anderen Abfassungsort als Paris anzunehmen, ist nicht vorhanden.

Der Name des Henkers „Pierre du pré" (784) ist vielleicht ein erfundener.

XV. Für die Bestimmung des Abfassungsortes des 15. Mirakels sind namentlich die folgenden Punkte von Wichtigkeit: Der Bourgois fragt den Cousin, ob keine Nachrichten für ihn „au Dan" gekommen seien (258); beide speisen „Chiez Petillon, a la lymace" zu Mittag (274); sie reisen in Geschäften nach Flandern (283) und besteigen ihre Pferde in „Saint Lorens" (281). Der von dem Grafen eingesetzte Richter war bisher „Maire von Tortevoye" (315). Der Bourgois wallfahrtet „au Puy de la Sale" (500) oder, wie v. 565 und 1021 gesagt ist, zur Kirche „Nostre Dame du Puy"; beide Gatten zusammen treten zum Schluss eine Pilgerfahrt nach „Nostre Dame de Fineterre" an (1744). — Dem v. 629 genannten „Lupin Coquet" scheint nach der Beschreibung des Richters zu urteilen, keine wirkliche Person zu Grunde zu liegen.

Als Ausgangspunkt unserer Untersuchung nehmen wir den Namen „Dan" an, da einerseits dieser Ort derselben Gegend angehören muss, wo das ganze Stück als spielend gedacht wird, andererseits er nur einmal sich in Frankreich findet. Es ist augenscheinlich das Dorf Daon im Dep. Mayenne gemeint, welches in der Nähe der Stadt Château-Gontier liegt, und welches um so eher als das richtige angesehen werden kann, als sich nicht weit davon auch ein „Saint Lorens" in Saint-Laurent-des-Mortiers findet. Zugleich wird hierdurch klar, wie der Chevalier v. 932 dazu kommt, seinen Herrn daran zu erinnern, dass es Zeit sei, „en ce chastiau la" den Gerichtstag abzuhalten, da er hiermit auf den Ort Château-Gontier anspielt. Auch wird so verständlich, warum als Ziele für die Wallfahrten gerade die Orte „Puy de la Sale" und „Nostre Dame de Fineterre" gewählt werden: Puy-Notre-Dame liegt südöstlich von Château-Gontier bei Saumur, Notre-Dame-de-la-Joie westlich von dieser Stadt im Dep. Finistère (Bretagne).

Dem gegenüber steht nun die Erwähnung des Ortes „Tortevoye", welcher identisch mit dem heutigen Toutevoye-sur-Oise in Arrond. Senlis zu sein scheint. Vergleichen wir nun diese Angabe mit den vorher besprochenen, so müssen wir zunächst das bemerkenswerte Faktum constatieren, dass, während alle auf das Dep. Mayenne hinweisenden Namen den Eindruck einer Zuthat des Mirakeldichters machen, dieser letzterwähnte allein älterer Herkunft zu sein scheint. Ja, wenn wir nicht zu fest auf unserer Auslegung des Wortes „chastian" in v. 932 bestehen wollten, so würden wir weiter anführen können, dass alle diese zu der Erwähnung von Tortevoye nicht passenden Notizen in der einen Scene zwischen dem Bourgeois und dem Cousin (v. 254—93) enthalten sind. Ich will es unterlassen, die Vermutungen, welche sich hieran knüpfen liessen, auszuführen; nur das sei hier hervorgehoben, dass eigentlich keiner der Namen Dan, Petillon und Saint Lorens an der Stelle, wo er steht, eine erkennbare Existenzberechtigung hat. Ich wenigstens verstehe nicht, warum nicht die Nachrichten für den Bourgois anstatt nach Dan nach seinem Wohnorte kommen, warum die beiden Vettern anstatt zu Hause bei Petillon ihr Mittagsmahl einnehmen, und warum sie ihre Pferde in Saint Lorens und nicht in dem Orte, von dem sie abreisen, besteigen müssen. Eine derartig gewaltsame Einführung von Namen mahnt immerhin zur Vorsicht, namentlich kann, so lange die Vorlage dieses Stückes noch nicht bekannt ist, ein sicheres Urteil über Geburts- und Wohnort des Verfassers nicht gewonnen werden.[1]

I. In diesem Mirakel scheint nichts auf Paris als Abfassungsort hinzuweissen. V. 1504 erfahren wir, dass die Eltern des „Fil" in einer Stadt wohnen; wenn sie nun trotzdem ihr Kind „en la ville" erziehen lassen (402), so kann

---

1) P. Paris, Manuscrits franç. IV 3 erwähnt ein Mirakel „D'une bonne femme qui avoit été jugée à ardoir", welches, wie es scheint, denselben Stoff behandelt wie das unsrige. Leider ist dasselbe bis jetzt noch nicht herausgegeben und konnte daher für diese Arbeit nicht herangezogen werden.

mit der letzteren nur eine in der Nähe gelegene grössere Stadt gemeint sein, von welcher man einfach als „der Stadt" sprach.¹) Das schliesst aus, dass der Dichter sich Paris als den Wohnort der Eltern, wo der erste Teil des Stückes spielt, dachte. — Auch die v. 396 genannte Kirche des hl. Main ist in Paris nicht nachweisbar.²)

IV. Das 4. Mirakel bietet die eigentümliche und bis jetzt noch unerklärte Erscheinung, dass es den Schauplatz der Handlung ganz ohne allen Grund von Egypten, wo die gewöhnlich als seine Quelle angesehene Erzählung der Méon'schen Sammlung spielt, nach Portugal verlegt, dabei aber natürlich in Wirklichkeit die Sache so darstellt, als ob sie in Frankreich passiert sei.³) Der Seneschall und der Ritter des Königs von Portugal gehen in den Wäldern von Compiègne und Saint-Germain auf die Jagd, um das zu dem Hochzeitsfeste ihres Herrn nötige Wildpret zu beschaffen. Das sind die einzigen Angaben, welche zur Feststellung des Abfassungsortes dienen könnten; sie sind zu unbestimmt, als dass daraus einen sicheren Schluss zu ziehen möglich wäre. Wir müssen daher IV zu denjenigen Stücken zählen, welche ebenso gut in Paris als in einem andern Orte geschrieben sein können.

XXVII Eine einzelne, dazu noch ganz unbestimmte Hinweisung auf den Abfassungsort ist ausserdem nur noch in dem 27. Mirakel enthalten. Als nämlich der Knappe Baudouin die Kaiserin vom festen Lande zu dem bekannten

---

1) Dass hier thatsächlich eine andere Stadt gemeint ist, geht daraus hervor, dass die Mutter der Nachbarin, welche das Kind zur Stadt bringt, „jusqu'au bout de la ville" das Geleit giebt (416).

2) Vgl. Les Moustiers de Paris bei Barbazan-Méon, Contes II 287. Ausgabe von 1808. — Ich bemerke hier zu einer am Schlusse meiner Arbeit über die Verfasser der Mirakel von Herrn Prof. Stengel hinzugefügten Notiz, welche die wunderbare Speisung der Eremiten betrifft, dass etwas Derartiges sich öfter findet. Vgl. z. B. Keller, Altfranz. Sagen II 24 und Gonzenbach, Sicilianische Märchen, wo uns auch der Zug, dass der umherirrende Held des Märchens nach einander zu drei Einsiedlern kommt, von denen der eine immer frommer ist als der andere, wiederholt begegnet. In färöischen Volksliedern lebt Oliva, die verstossene Gemahlin Hugos, in der „Wurmburg" von Nahrung, die Ihr vom Himmel gesandt wird. Vgl. Ferd. Wolf a. a. O. p. 366.

3) Es ist das wohl ein Beweis dafür, dass das betreffende conte nicht die Quelle dieses Stückes ist.

Felsen im Meere übersetzt, legt ihm der Dichter mit Beziehung darauf, dass er unter Benutzung des günstigen Windes **hinübersegelt** (1146), die Worte in den Mund:
v. 1104 „J'ay fait ce mestier a mes couz Plus d'an entier."
Wenn hier der Verfasser, wie doch wohl anzunehmen ist, sich selbst im Auge hat, so müsste daraus geschlossen werden, dass sein Wohnort an einem grossen Flusse lag, denn nur auf einem solchen ist die Anwendung von Segeln bei Bootfahrten möglich. Für welchen Fluss wir uns dann zu entscheiden hätten, ist in Hinsicht auf die übrigen Stücke nicht schwer zu sagen, unzweifelhaft für die Seine. Indes ist das Indizium, wie ich gern zugebe, ein so schwaches, dass ich es nicht gewagt habe, dieses Mirakel denjenigen zuzurechnen, welche Hinweisungen auf Paris enthalten.

XXXVIII. Ueber den Ursprung des hier v. 747 vorkommenden Titels eines Grafen „de l'Arbre sec" wird sich kaum etwas Sicheres sagen lassen. Derselbe Name kommt in Jean Bodel's Jeu de Saint Nicolas vor[1]), und der Herausgeber führt in einer Anmerkung dazu noch einige weitere Stellen aus anderen Werken an, aus denen ersichtlich ist, dass der hier gemeinte Baum in der Nähe von Hebron stand und in der christlichen Sage sich einer nicht geringen Berühmtheit erfreute. Ausserdem heisst aber auch eine nicht weit von den „Halles Centrales" in Paris gelegene Strasse „rue de l'Arbre-Sec", die in dem „Dit des rues de Paris" aus dem Ende des 13. Jahrh. (bei Barbazan II 256) unter der Bezeichnung „rue de l'Arbre Sel" figuriert. Da nun die sämtlichen zugleich mit dem Grafen „de l'Arbre sec" in dem Mirakel genannten Edelleute, wie es scheint, von dem Dichter erfundene, meist scherzhafte Namen führen[2]) und nicht, wie in dem jeu, nach wirklich oder wenigstens dem Glauben des Dichters nach sarazenischen Orten sich nennen, so wird auch Arbre sec den gleichen Ursprung haben und vielleicht die komische Benennung der pariser Strasse die Veranlassung zu seiner Wahl gewesen sein.

---

1) v. 333: Amiraus d'outre le Sec-Arbre, im Th. fr. au m. âge p. 171 Vgl. über den Arbre sec auch Schröder, Glaube und Aberglaube in den altfranzösischen Dichtungen. Erlangen 1886. S. 132—3.

2) 745. Au seigneur m'en vois de Lisiére
Et a celui de Fosse fiére   Et au seigneur du Groing avec
Et au conte de l'Arbre sec   Et au conte d'Ermal Hermin.

Das Wirtshaus des „Colin Hallé" (573), welches die Sergents besuchen und das andere, hiermit vielleicht identische, dessen Abzeichen ein schwarzer Kopf war (1520 „teste noire"), vermochte ich nicht ausfindig zu machen.

Der Vollständigkeit halber führe ich zum Schluss noch einige Angaben an, über welche ich keine Auskunft geben kann, die aber eventuell doch für unsere Frage noch von Wert sein können:

VIII 206 Wirt „Guillemin Enguerren" und 1262 Kirche „Nostre Dame des escharboucles" (in Rom?);
IX 1127 „Estable Rode", ein Ort, der wilder als die Insel Rhodos sein soll;
X 290 Wirt „Baudet de l'image droit";
XIV 39 Wirtshaus „au Glay";
XXXVII 703 Reichsverweser „seigneur de Duriaume";
XL 562 „Ruffault", ein Wirt oder Bekannter des Alexis.

Fassen wir nun noch einmal das Resultat der vorstehenden Untersuchung kurz zusammen, so ergiebt sich, dass für 18 Stücke Paris mit grösserer oder geringerer Wahrscheinlichkeit als Entstehungsort nachgewiesen werden konnte, nämlich für II, III, VI, XVII, XVIII, XIX, XXII, XXIII, XXVI, XXVIII, XXIX, XXXI, XXXIII, XXXIV, XXXV, XXXVI, XXXIX, XL. Weitere 6 Stücke enthielten Angaben, welche entweder direkt auf andere Städte als Paris sich bezogen oder doch gerade so gut auf eine Anzahl anderer Städte als auf Paris bezogen werden konnten: I, IV, VII, XII, XV, XXVII. Der Rest von 16 Mirakeln musste wegen des Fehlens jeder Andeutung ausser dem Bereiche unserer Betrachtung gelassen werden.[1]) — Trotzdem somit nicht einmal für die Hälfte der Mirakel positive Gründe für Paris vorgebracht werden konnten, stehe ich nicht an, aus den im Eingange dieser Untersuchung ausgeführten Gründen die sämtlichen Stücke ohne Ausnahme als in Paris verfasst und aufgeführt anzusehen. Standort der Bühne mag die Gegend der „pointe Saint-Eustache" gewesen sein.

---

1) Das 38. Mirakel habe ich wegen der Unzuverlässigkeit seiner Angaben mit unter diese 16 gerechnet.

Nachtrag.

Durch ein Versehen ist Seite 19 am Schluss des Abschnitts über XXII der folgende Absatz nicht mit in den Text aufgenommen worden:
In der Stelle
„Nous yrons diner chiez le page,
Qui le nous fera a l'usage
De son pais" (v. 451/53)
ist „le page" wohl als Personenname aufzufassen. Hiermit identisch ist vielleicht der „maistre Pierre le Page", welcher XXXII 1862 genannt wird und den Titel eines „tabellion de Romme" führt. — Die v. 307 erwähnte Paulskirche ist in Paris nachweisbar.

Verzeichnisse.

I. Besprochene Namen.

Die römische Ziffer bedeutet die Nummer des Mirakels, in welchem der Name sich findet, die arabische die Seitenzahl vorstehender Abhandlung.

Aire XXXIX 16
Aise, terre d' XXIII 18
Alemaigne, Jehan Compaigne evesque d' III 24
Audry, eglise saint XXIX 2, 25, 26
Arbre sec, conte de l' XXXVIII 30 Anm. 1, 34
Arques, chastiau d' XXXIII 14
Augustins XXXIV 25
Barrez XIX 12, 13
Baudet de l'image droit X 35
Belles Fontaines XXXVI 10
Bellevoy XXV 30 Anm. 2
Biauchastel, Anthenor de XII 30
Bisquariel, Hernault de XXVIII, XXXVI 5
Bisquarrel (als Stadt) XVII 5
Blandurel II 23 Anm. 2
Bossue, la XXXVI 5
Boulongne I, VI, VII, IX, X, XI, XII, XXX 10
Brice, Saint II 23
Burs XXVIII 5

Cambresis XXXI 26
Carmes XXXIV 25
Cassien, saint XIX 11
Chartreux III 24
Chastel, dame du XXXVI 6
Chastiau XV 31, 32
Chiefvi XXVI 19, 20
Climent, messer III 24
Cloat, Saint XXIII 16
Colin Hallé XXXVIII 35
Compiengne, forest de IV 33
Corbueil XVIII, XXIII 17, 21
Cordelliers XXXIV 25
Crotoy, le XXVI 20
Dan, le XV 31, 32
Denis, Saint XXXI 26
Duriaume, seigneur de XXXVII 35
Enfants de la chappelle au roy VI 26
Ermal Hermin XXXVIII 34 Anm. 2
Errart II 22
Estable Rode IX 35
Eutasse, pointe saint XXXV, XXXVI 6, 8, 9

Fosse fiére, seigneur de XXXVIII 30 Anm. 1, 34 Anm. 2
Fossez, sus les XIX 12
Gaudine, marquise de la XII 30
Genays XXXIII 14
Germain, forest de Saint IV 33
Gille le Marquis XXVIII 5
Gille, saint XVI 10
Glay, lo XIV 35
Gourdaine XXVI 20
Grant godet XXXVI 6
Groing, seigneur du XXXVIII 30 Anm. 1, 34 Anm. 2
Guillemin Enguerren VIII 35
Guymar dit le Viautre XXVIII 5
Halles XXXVI 6, 8
Huguette XXXVI 5
Jacobins III, XXXIV 24, 25
Josce, maistre J. l'alemant VI 26
Jourdain le Grant XXXVI 5
Larchant XXII 2, 19
Le Page, Pierre XXXII 36
Le page XXII 36
Lipage XL 9
Lippage XXXVI 9
Limoges, saint Lienart de XXVI 10
Lisiére, seigneur de XXXVIII 30 Anm. 1, 34 Anm. 2
Loneval VII 29
Lorens, Saint XV 31, 32
Louvre XXIII, XXXIX 15, 17
Lupin Coquet XV 31
Lymace XV 31
Main, saint I 33
Mante XXXIII 14
Martin Drouart XXVIII 5
Martin, four Saint XXXV 8
Martire saint Pére et saint Pol, chemin du XVIII 21
Mathelins III 24
Maubert, place XXXIII 14
Meleun XXXIX 15, 16
Mons, ostel de II 22
Montmartre XXXI 12 Anm. 1, 21
Mont Saint Michel XXXIII 14
Moussé XXXV 10
Mulent, Margot de XVIII 21
Nicolas, saint II 23
— (Wallfahrtsort) XVI 10
Nostre Dame, eglise XXIII, XXXV 17
— port XXXVI 6, 8

Nostre Dame de Finsterre XV, XXVI 10, 31, 32
— des escharboucles VIII 35
— du Puy s. Puy de la Sale.
Orliens II 23
Page, le s. Le Page
Paille, Almaurry de la XII 30
Paradis XXVI 20
Paris XIX, XXIII, XXIX, XXXI 11, 16, 17, 25, 26
Pas, le II, XXII 2, 18, 23
Petillon XV 31, 32
Pierre du pré XII 31
Pierre Filion XXXV 8
Pierre le Maistre XXXVI 5
Pierre le Monart XXVIII 5
Pierre, saint III 24
Plastre, rue du XXXVI 9
Pol, moustier saint XXII 36
Pontoise, mére Dieu de XXVI 10
Pourçain, Saint V, X, XXXVI, XXXVIII 9, 10
Poyoy XIX 12
Prieurtez, petites XXXIV 25
Puy de la Sale XV 10, 31, 32
Raulin, la femme s. Chastel, dame du
Remi, bois de Saint II 22
Rochemador XI 10
Rode, isle de IX 35
Rougeval, cité de XVIII 21
Roy des ribaux XXIII 17
Ruffault XL 35
Ruffes, Robert de XXXV 8
Sadoch, Sohn des Enoch XXXV 10 Anm. 4
Saine XXXVI 2, 6, 34
Sanceline XXI 13 Anm. 3
Santelinete XIX 13 Anm. 3
Santiago de Compostella XVI, XVII 5, 10
Saus, le Barré de XIX 12
Saussoie, la II 23
Savoie, Griffon de XXIII 18
— Jehan de XXXIII 15
Senliz XXIX 1, 2, 25, 26
Sennar XXI 7
Sens, chies l'arcevesque de XIX 12, 13
Simon Triquefadet XXXVI 6
Sinai XVI 10
Teste noire XXXVIII 35
Tortevoye XV 31, 32

Uitasse, pointe saint s. Entasse	Venant, moustier saint XXXV 10
Valenton XXXVI 9	Ville Dieu de Sanchemel XXXIII 14
Vaugirart II 22	Ville Juive XXXIX 16
Vaussemain, XIX 12	Vin grec VIII 9, 10

II. Besprochene Mirakel.

Nr.   Seite

    I. De l'enfant donné au diable 32
   II. De l'abbeesse grosse 22
  III. De l'evesque que l'arcediacre murtrit 24
   IV. De la femme du roy de Portigal 33
   VI. De saint Jehan Crisothomes 26
  VII. De la nonne qui laissa son abbaie 26
  XII. De la marquise de la Gaudine 30
  XV. De un enfant que Nostre Dame resucita 31
 XVII. De un paroissian esconmenié 4
XVIII. De Theodore 21
  XIX. De un chanoine qui se maria 10
 XXII. De saint Panthaleon 18
XXIII. De Amis et Amille 16
XXVI. De une femme que Nostre Dame garda d'estre arse . . . 19
XXVII. De l'empereris de Romme 33
XXVIII. De Oton, roy d'Espaigne 4
 XXIX. De la fille du roy de Hongrie 25
 XXXI. De Berthe 26
XXXIII. De Robert le Dyable 14
XXXIV. De sainte Bautheuch 25
 XXXV. De un marchant et un juif 4
XXXVI. De Pierre le changeur 4
XXXVIII. De saint Lorens 34
XXXIX. De Clovis 15
   XL. De saint Alexis 9